다각적 분석, 다양한 해석이 나오는 시대에
한 가지 정보에 대한 맹목적 수용은 있을 수 없습니다.
자신이 받아들인 정보에 대해 여러 상황을 대입해보고
내용에 맞춰 물음표를 던져보는 것이 바람직합니다.

상상 이상의 변화를 이끄는 사람은 누구일까요?
설마, 어벤져스 멤버들이 현실로 나타나 지구의 안보를 지켜주면서
인간이 안락하고 편안하게 살 수 있도록
'짜짠!' 하고 뒤집어 놓을 거라고 생각하지는 않겠지요?

사회의 부조리를 보고 가만히 있기만 한다면
삶의 주인공으로서의 여러분이 아닌, 사회의 노예가 될 수도 있습니다.
청소년의 소리내기를 통해 따뜻하고 밝은 사회를 만들 수 있습니다.

우리가 일상적으로 내뱉는 말과 행동의 중심에 인간의 존엄을 두어야 합니다.
그것이 인간과 기계와의 근본적 차이입니다.

미래가
두려운
너에게

7

미래가 두려운 너에게

펴낸날 2019년 10월 10일 1판 1쇄
          2020년 9월 10일 1판 3쇄

지은이 공일영, 조희
펴낸이 김영선
교정·교열 이교숙, 이라야
경영지원 최은정
디자인 현애정
마케팅 신용천

펴낸곳 (주)다빈치하우스-미디어숲
주소 경기도 고양시 일산서구 고양대로632번길 60, 207호
전화 (02) 323-7234
팩스 (02) 323-0253
홈페이지 www.mfbook.co.kr
이메일 dhhard@naver.com (원고투고)
출판등록번호 제 2-2767호

값 14,800원
ISBN 979-11-5874-059-7

이 도서의 국립중앙도서관 출판예정도서목록(CIP)은 서지정보유통지원시스템 홈페이지(http://seoji.nl.go.kr)와 국가자료공동목록
시스템(http://www.nl.go.kr/kolisnet)에서 이용하실 수 있습니다.(CIP제어번호: CIP2019034449)

미래를 만나기 전
진짜 나를 찾아라

미래가
두려운
너에게

공일영, 조희 지음

미래가 만만해지는 첫걸음은
'나'를 제대로 아는 것

미디어숲

추천사

  지금처럼 급속도로 발전하는 기술이 약속하고 있는 미래의 모습이 현실화되었을 때 닥칠 결과가 불안하고 두렵습니다. 이런 두려움으로 미래에 대해 이야기를 나누는 우리에게 이 책은 귀한 지침서가 될 것입니다. 불안과 두려움은 무지에서 오는 것이기에, 이 책을 통해 기술 발전이 내 삶을 풍요롭고 즐겁게 만들 수 있음을 확신하고, 그곳에서 우리가 맡은 역할에 최선을 다하며 미래를 준비하기 바랍니다.

김진호·효자고등학교 국어교사

  계절로 치면 초봄과 같은 시절. 세상에 대한 호기심으로 성급하게 여린 꽃잎부터 내놓는 초봄의 나무들처럼, 덜 물러난 추위에 혼쭐이 나기도 하면서 여름의 신록을 꿈꾸고 가을의 열매를 그려가는 시기가 바로 청소년기겠죠. 글로벌 스타로 떠오른 BTS의 리더 RM의 뜻은 'Real Me', 그러니까 '참된 나'라고 합니다. 그처럼 꿈은 무언가가 '되는 것'이 아닌 '진짜 나'를 찾는 것에서 시작된다는 것을, 이 책은 시대와 공간을 넘나드는 다양한 사례를 통해 설득력 있게 이야기하고 있습니다. 15년간 학교 현장에서 청소년들을 누구보다 가까이서 지켜본 저자들이 청소년에 대한 각별한 애정으로 써 내려간 이 책은, 청소년 여러분이 '리얼 미', 진짜 나 자신을 찾는 여정에 더 없이 좋은 길잡이가 되어 줄 것입니다.

두민아·방송작가

4차 산업혁명시대에 청소년 혁명가를 키워내는 책! 이 책엔 4차 산업혁명 시대에 가장 중요한 것은 사람이며, 우리의 청소년들이 지구촌 변화를 주도하는 주인공으로 우뚝 서길 바라는 저자들의 꿈이 깃들어 있습니다. 저는 교실과 학교를 넘어 대한민국 새로운 역사를 만들며 지구촌 변화를 주도하는 혁명가가 되길 꿈꾸는 대한민국 모든 청소년에게 이 책을 권합니다.

박기태·사이버 외교사절단 반크 단장

현생 인류는 약 250만 년 동안 아프리카 사바나에서 '별 볼일 없는 유인원'으로 살다가 인지혁명 이후 지구를 정복하고 우주로 진출하고 있습니다. 이제 인간의 범주를 초월한 존재가 될지도 모릅니다. 4차 산업혁명이 그 전주곡입니다. 산업을 넘어 인간의 변화를 보아야 한다고 설파하는 두 저자의 반짝이는 통찰력으로 가득 찬 이 책은 우리 청소년들이 꼭 읽어야 합니다.

이창훈·매경미디어그룹 4차 산업혁명 연구소장

4차 산업혁명 시대를 어떻게 준비할지가 교육계의 화두다. 거대담론은 많지만, 실제로 뭘 해야 하냐고 물어보면 뜬구름뿐이다. 현대의 드론으로 촬영한 과거의 유적을 통해 미래를 준비시키는 역사교사인 저자는 이 책에서 역사 속 장면을 짚어가며 바른 가치관과 인성이 곧 미래역량이라고 말한다. 결국 미래를 만드는 것도 사람 아닌가.

정은수·한국교육신문 기자

미래 사회의 중심은 지금의 청소년입니다. 우리 교육은 청소년들이 미래에 더 나은 삶을 살고 그로 인해 인류가 더 나은 세상을 만들 수 있도록 집중되어야 합니다. 그런 면에서 이 책은 교육과 사회가 함께 추진해 나아갈 수 있도록 공감대를 형성하고 청소년들이 미래를 준비할 수 있는 데 꼭 필요한 책입니다.

조현구·클래스팅 CEO

이제까지 우리는 산업화 시대의 전사를 양성하기 위해 지식을 획일화시켜 효율적으로 주입하는 교육으로 효과를 보았다. 그러나 그러한 지식은 4차 산업혁명 시대에 사람이 아닌 타자의 도움을 받아 해결될 것이다. 불확실성과 복잡성으로 대변되는 4차 산업혁명 시대에 사람이 사람답게 살아가기 위해서 미래 교육은 준비되어야 한다. 그 준비를 위해 저자는 교육의 한 주체인 청소년에게 두려워하지 말고 사람다운 성장을 위해 노력하자고 역설하고 있다. 자신의 삶을 사랑하며 자신의 삶을 주체적으로 디자인할 수 있는 청소년을 위한 미래교육의 설계도를 이 책을 통해 만나보자.

최태성·EBS 한국사 강사

미래 사회 체인지메이커로 성장할
청소년들을 위해!

　어느 누구도 미래를 정확하게 진단하고 뾰족한 대안을 제시할 수 없습니다. 오늘을 근거로 상상하고, 꿈꾸고, 넘겨짚고, 예상하고 추측하지요. 대부분 지금보다 편리함을 추구하고, 안정적이면서 혁신적인 변화를 그려냅니다. 휴머노이드가 귀찮은 인간의 일을 대신해주고, 기계가 막중한 업무를 처리해주며, 최첨단 시스템이 작동되는 집에서 인간은 안락한 생활을 영위하는 것 이상으로 환상적인 미래를 꿈꿉니다.

　한편으로는 미래에 대해 불안하고 두려워하는 마음도 갖고 있지요. 인공지능이 일자리를 차지하면 인간이 할 수 있는 일이 줄어들게 된다는 것, 로봇이 인간을 지배할지도 모른다는 것, 로봇을 이용한 전쟁이 발발할 수도 있다는 것, 외계인의 침공으로 지구가 멸망할지도 모른다는 조금은 황당한 상상 등 우려가 확산되어 공포를 야기하는 지경에 이르기도 합니다. 그 누구도 확답해줄 수 없는 불확실한 미래이기 때문이지요.

미래 사회의 변화에 맞춰 자신의 진로나 꿈을 설정해야 하는 우리 청소년들은 난감합니다. 미래 사회가 개인에게 요구하는 능력은 무엇인지, 변화를 이끌 인재가 되려면 무엇에 집중해야 하는지, 한 가지만 잘하면 되는지, 내가 가진 소질로는 무엇을 할 수 있을지 궁금함은 커져가고 질문은 쏟아집니다. 그러나 어디에서도 신뢰할 만한 자료가 없고 누구에게서도 시원한 답변을 듣기 어렵지요. 미래를 살아본 사람이 없기 때문입니다.

인류가 살아온 과정을 살펴보면 미래를 대비할 수 있는 지혜를 얻을 수 있습니다. 미래 발전의 토대가 오늘에 있다면, 오늘의 발전 토대는 과거 인류가 이뤄낸 역사 속에 있기 때문이지요. 미래에 대한 막연한 불안감을 해소하고 미래 사회를 살아갈 지혜를 얻기 위해 인간의 삶이 발전해 온 과정을 살펴볼 시점입니다. 정치적 관점에서의 접근이 아니라 역사 속 인물에서 미래에 필요한 판단력과 지혜를 배울 수 있지요. 또한 문화·예술에 담긴 창의성과 개성, 융합을 보며 미래를 보는 다양한 시선과 추구해야 할 가치를 터득하게 됩니다.

여기에 더해 이미 미래 기술이 작용하고 있는 현실에서 청소년들이 갖춰야 할 삶의 자세, 기술이 발전하더라도 인간의 소중함을 알고 그 속에서 '세상을 보는 관점'과 '세계시민 의식', '진실과 거짓의 구별'을 가능하게 하는 역량을 갖추어야 합니다. 이것이 청소년들을 사회 변화의 주역인 체인지메이커로 성장하게 할 것입니다.

저는 이 책으로 미래에 대한 '아직'과 '이미' 사이에서 방황하는 청소년들과 다양한 삶의 지혜를 나누고자 했습니다. 이 작은 노력이 밀알이 되어, 대화가 사라지고 어깨가 처진 청소년들에게 삶의 기쁨과 사랑의 회복으로 작용되었으면 합니다. 또한 청소년들의 안정감을 찾고 삶의 가치 기준을 어디에 두어야 하는지에 대한 고민에 도움이 되기를 소망합니다.

　마지막으로 좋을 글을 남길 수 있도록 전폭적인 지지를 해주신 미디어숲 김영선 대표님과 이교숙 편집장님, 그리고 보이지 않게 수고하고 함께 해주신 관계자분들께 감사드리고 글 쓰는 동안 함께 놀아주지 못한 시운이, 현서에게 미안함과 감사함을 전합니다.

저자 공일영·조희

차례

 **미래를 꿈꾸라**

part 2 미래 사회에서 살아남기

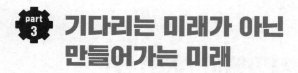

part 3 기다리는 미래가 아닌 만들어가는 미래

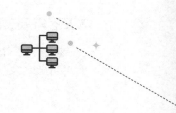

part 4 문화는 세계로 이어진다

part 5 미래 사회의 체인지 메이커가 돼라

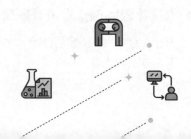

part 6 미래는 자기를 이기는 자가 승리한다

자신의 마음 밭이 딱딱한 콘크리트 밭은 아닌지, 오톨도톨 자갈밭은 아닌지,
뾰족뾰족 가시밭은 아닌지 생각해보며
부드럽고 충분한 영양분을 가지고 있는 옥토 밭이 되도록 가꾸어 봅시다.
그러면 내가 가진 씨앗이 발아하여 꿈틀대며 저절로 움직이게 할 것입니다.
아주 신나게!

미래를
꿈꾸라

미래는 인간의 호기심을 자극합니다. 우주여행, 해저도시, 사이보그 등 우리가 상상할 수 있는 환상적인 모습으로 존재하기 때문입니다. 생각만으로도 아주 판타스틱하지요. 그러나 한편으로는 미래에 어떤 상황이 펼쳐질지 불확실하기 때문에 불안해하고 걱정합니다. 어떤 이들은 지구의 종말을 얘기하기도 하고, 또 다른 누군가는 로봇이 인간을 지배할 것이라고 합니다. 과학기술의 발전과 상상력이 결합돼 만들어진 SF영화를 보면 미래의 지구, 우리의 생활환경 모습은 굉장히 자극적입니다. 미래학자들의 학문적 견해는 또 어떻습니까. 물론 모두 추측과 가설이기에 단정 짓기는 어렵지만 미래에 대한 막연한 우려를 내포하고 있습니다.

더구나 가속도를 내고 있는 과학기술은 불확실한 미래에 인간의 입지를 좁히는 결과를 우려하게 하지요. 기계가 인간의 일을 대신하고 절대적 인간의 영역으로 불렸던 '사고'와 '감정'까지 장착된 인공지능 로봇이 속속 등장하며 인간의 친구가 되려 하고 있으니까요. 처음에는 신기하고 환상적이라고 받아들였지만 지금은 일반적인 사용 단계에 이르렀고 성능은 날로 업그레이드되어 가고 있습니다. 인간 두뇌의 한계를 생각하면 그들의 기억회로와 용량은 인간을 대적할, 아니 위협할 만하다고 여겨지는 것 또한 사실입니다. 그래서 미래에 대한 '우리', '인간'은 좀 더 적극적으로 '나'에 대한 고민이 깊어 갑니다.

하지만 미래를 걱정한다고 편안하고 긍정적으로 다가오는 것도 아니고, 마냥 태평하게 기다린다고 위험하고 근심거리가 사라지는 것도 아니지요. 그저 똑딱이는 초침의 간격에 맞춰서 일정하게 다가오고 있습니다. 한 걸음 한 걸음! 그래서 우리는 다가오는 미래의 스텝에 맞춰 대비하고 변화를 꾀하고자 합니다. 다행스러운 것은 우리에게 인류의 역사가 있다는 사실입니다. 과거 사회의 변화 과정을 살펴보면 다가오는 미래의 방향을 예측할 수 있습니다.

사회 변화에 대응하는 방법, 혼란에 대비하는 노하우, 변동하는 흐름에 대처하는 기술을 배울 수 있다는 것이지요. 역사가 과거와 현재와의 끊임없는 대화로 조상들의 발자취를 알고 그것을 바탕으로 오늘을 이해하며 내일을 대비할 수 있도록 돕기 때문입니다. 걱정만 하고 앉아 있을 수는 없잖아요?

미래를 살아가기 위해 위기를 방어하거나 공격 자세를 취해야 하지 않겠습니까. 선수를 쳐서 유리한 고지를 점령하는 것도 좋고요. 지금이 바로 그때입니다. 준비됐나요?

그렇다면 GO~~!

01

시간은 흘러가고
사회는 변화한다

세상은 갑자기가 아니라
서서히 바뀌어가고 있다!

『제3의 물결』을 읽거나 들어본 적 있나요? 미래학자 앨빈 토플러가 쓴 책으로 청소년 필독서로 지정되었으니 아마도 학교 도서관에 한 권쯤은 꽂혀 있을 거예요. 그러나 왠지 어려울 것 같고 전문가나 전공자가 읽어야 할 법한 제목 때문에 쉽게 손이 가는 책은 아니지요. 그런데 여러분이 읽기에 그리 어려운 책은 아니랍니다.

그는 문명의 변화를 물결로 상징화했습니다. 제1의 물결-농업혁명, 제2의 물결-산업혁명, 제3의 물결-정보화혁명으로요. 물결이 흘러가듯 시대의 흐름을 설명한 것이지요. '물결'이라는 단어로 표현했을 뿐이지 사회나 역사시간에 여러분도 이미 배웠던 내용입니다. 1차 산업, 2차 산업, 3차 산업과 비슷한 내용입니다. 아, 3차 산업을 우리는 서비스 산업이라고 불렀는데 이 점은 다르군요.

24

인간의 삶을 바꾼, '혁명'의 첫 출발은 농경과 목축의 시작입니다. 먹을 것을 찾아 각종 위험을 무릅쓰고 이동생활을 하던 구석기 시대를 넘어, 작물을 재배하고 가축을 사육하면서 정착 생활이 시작되었습니다. 단순하게 농사를 짓기 시작하고 정착생활만 했다면 그냥 그런가 보다 했겠지만, 그것이 가져온 사회적 변화, 문명의 발달은 인류 역사의 흐름에 지대한 영향을 미쳤습니다.

첫째, 사냥감을 쫓아 돌멩이 하나 들고 맨발로 죽어라 뛰어다니던 상황에서 벗어나 농사를 짓고 가축을 사육하기 시작한 변화입니다. 안정적인 먹을거리의 확보가 가능해진 것으로 수렵과 채집으로 소모되던 에너지를 줄이고, 출산과 육아에 집중하면서 인구의 증가를 가져오게 되었지요.

둘째, 인구의 증가는 마을을 이루게 되고 점차 넓은 면적의 농경지와 가축 사육이 필요하게 되었으며 거주 공간을 확대시켜 나가게 됩니다. 그 과정에서 같은 상황에 놓인 다른 무리들과의 충돌은 필수불가결의 상황이었지요. 이는 각자의 생존을 위해 전쟁으로 이어지게 되는 것입니다.

셋째, 전쟁에서 승리한 세력은 그 영향력과 지배력이 확대되고 패배한 세력은 승리자의 노예가 되는 것으로 지배층과 피지배층의 구분으로 이어지며 사회 계급을 만들어냈습니다. 강한 세력의 영역 확장에 맞서 대적할 만한 능력을 갖춘 지도자와 무기가 필요했지요. 또한 사람들의 마음을 하나로 집결시키는 리더를 중심으로 굳건한 결속력이 필요했습니다. 그로 인해 지도자를 선출하게 되고 그의 명령에 따라 움직이는 조직이 구성된 것입니다. 이것은 장차 국가의 형태로 변화되어 가지요. 결국 국가 출현의 시작점이 제1의 물결 즉, 농업혁명이라 할 수 있습니다.

제2의 물결인 산업혁명은 18c 영국을 시작으로 공장제 기계공업을 통한 대량 생산에서 시작되었습니다. 실을 뽑아내고 옷감을 짜는 기계인 방직기, 방적기의 발명으로 인해 철저하게 인간 노동력에 의존하던 가내 수공업 형태에서 벗어나 기계 공업이 시작되었습니다. 이는 기계를 작동시키기 위한 내연 기관의 발명과 전기의 발견, 기타 과학 분야의 급속한 발전으로 이어지지요.

산업혁명은 단순한 기계의 발명을 이야기하는 것이 아닌 생산 기술의 발달과 그에 따른 사회의 변화를 모두 포함합니다. 당시 영국의 인클로저운동Enclosure(울타리 치기)이라는 용어에서도 알 수 있듯이 여기저기에서 양을 사육하며 모직을 얻는 모직물 공업이 먼저 발달했는데, 모직물로 만드는 것보다 가격도 저렴하고 관리도 쉬워 면직물의 인기가 높아지면서 면직물을 찾는 사람이 증가하게 되고 그 과정에서 자본가들은 큰 부를 축적하게 됩니다.

기계의 발명으로 인한 인간 노동력의 가치는 하락하고 노동력의 공급은 늘어나는 실정이니 생산 수단을 소유한 자본가들은 쾌재를 불렀습니다. 값싼 노동력을 마구 이용할 수 있고 자기 마음대로 휘두를 수 있으니 권력을 손에 쥔 폭군처럼 노동자들을 부렸지요. 그래서 거의 횡포에 가까운 불평등이 초래되었던 것입니다. 산업의 발달은 누구에게나 경제적 풍요를 가져다주는 산타클로스가 아니었던 것이지요. 막대한 부를 축적하며 세계 경제의 중심이 된 영국 사회의 이면에는 흥한 자가 있으면 망한 자가 있는 것처럼 아픔 또한 공존했습니다.

빈부격차가 바로 그것입니다. 생산 수단을 소유한 자본가와 거기서 일하는 노동자의 경제적 간극은 말로 할 수 없었습니다. 찰리 채플린 주연의 「모던 타임즈」라는 영화를 보면 당시 노동자의 단면을 찾아볼 수 있습니다. 12살 어린 소녀는 하루 18시간이 넘는 시간을 일해도 끼니조차 제대로 해결할 수 없었지요. 일부 노동자들은 그 원인을 기계로 돌려 기계를 부수자는 목소리까지 내었으나 이미 자본과 산업의 발달은 노동자들의 편이 아니었습니다.

이외에도 농촌의 몰락, 도시의 인구집중화(주택, 교통, 실업), 인간의 도구화(인권), 부의 집중화(빈부격차) 등 요즘도 사회 문제가 되고 있는 것들이 하나둘 대두되기 시작합니다. 그 결과 정치나 자본에 대한 시민들의 불만은 극에 달하게 되었고 마침내 프랑스에서는 시민들이 폭발하게 되지요. 영국의 산업혁명이 프랑스혁명을 이끌어냈다고 볼 수 있는 이유입니다. 정리하자면 산업혁명은 자본과 인간과의 관계에 대해 재조명하는 계기가 되었다, 더 쉽게 말하면 '방적기의 발명으로 우리가 인권을 보장받고 존중받을 수 있게 되었다'는 말입니다.

제3의 물결은 정보화혁명입니다. 아날로그 시대에서 디지털 시대로의 변화는 막대한 정보의 축적과 신속한 공유, 다양한 데이터의 폭넓은 활용을 가능하게 해주었습니다. 네트워크로 전 세계를 연결하여 정보를 주고받으며 방대한 자료를 정확하게 입수할 수 있게 된 것입니다. 그 이전 세대가 상상하지 못할 만큼의 큰 변화가 나타나게 된 것이지요.

정보 측면에서 고대로 거슬러 올라가 보면, 수메르인의 쐐기 문자를 기록한 점토판과 만나게 됩니다. 그들은 지식과 정보를 보유한 인류 최초의 문명국가를 이루었지요. 고대 아시리아의 아슈르바니팔왕은 자신의 집권기에 아시리아의 역사에 관련된 자료를 전국에서 수집해 점토판에 기록했던 것입니다. 현재까지 3만 5천여 장이 발굴되었는데 그 규모가 얼마나 컸을지 상상할 수도 없습니다.

기원전 3세기경 프톨레마이오스 왕조 시대 알렉산드리아의 도서관은 규모나 소장했던 자료의 내용면에서 최고였습니다. 정복지에서 각종 도서들을 수집하여 보관하였습니다. 알렉산드로스왕이 점령한 아시아, 유럽, 아프리카까지 역사와 문화, 과학과 기술 등을 한 곳에 집결했다고 봐도 과언이 아닐 겁니다. 그것을 바탕으로 학자들은 국가의 나아갈 방향을 설정하고 정책을 수립하는 등 다방면으로 활용을 했던 것입니다. 당시 알렉산드리아 도서관에는 약 70여만 권의 장서가 소장되어 있었다고 하니 그 규모를 짐작해볼 수 있겠지요.

이런, USB 하나에 저장될 정도밖에 안 된다고요? 맞습니다. 컴퓨터의 등장은 이러한 엄청난 규모의 공간적 제약을 극복하게 되면서 지식과 정보를 빠르게 공유하게 되었습니다. 그 시작은 최초의 컴퓨터라고 부르는 애니악이라는 계산기였습니다.

20세기 중반 '애니악'이라는 컴퓨터가 만들어졌는데 그 크기는 길이가 24m, 높이는 무려 5.5m, 무게는 약 30톤에 가깝고 1만7천 개의 진공관이 사용되었을 정도로 컸다고 합니다. 하지만 애니악은 'Electronic Numerical Integrator And Calculator'이라는 이름에서도 알 수 있듯이 단순 계산기 정도에 불과했습니다. 전쟁 시 필요한 포탄의 탄도 계산을 해내는 것이 목적이었지요. 거대한 크기와 진공관을 사용하여 스위치를 사람이 일일이 작동해 가면서 계산해냈습니다. 그럼에도 불안정하고 많은 전기를 소비해야 했으며 고장도 잦았다고 합니다. 한마디로 골칫거리였지요. 하지만 문제점을 찾고 수정하고 보완하는 단계에서 발전을 거듭하고 트랜지스터의 발명으로 처리 속도가 빨라지고 크기도 작아졌습니다. 와우! 불가능을 가능케 하는 인간의 능력입니다.

최초의 컴퓨터 애니악

오늘날 우리가 쓰는 컴퓨터 모델이 등장하게 된 것은 집적회로로 불리는 IC^Integrated Circuit의 등장으로 가능해졌습니다. 이는 IC 하나가 수십 개의 트랜지스터 역할을 감당할 수 있었기 때문에 크기가 작아지고 처리 속도가 빨라져 라디오 같은 다양한 전자 기기들이 만들어지게 된 것입니다. 하지만 이마저도 4차 산업혁명 시대에는 불편한 크기와 느린 처리속도가 문제로 대두되었지요. 이제는 머리카락보다 얇고 가늘게 만들어 초소형으로 만드는 변화가 일고 있습니다. 벌써 현실화되어 하나하나 시장에 나오고 있다고요!

나노 기술의 발달을 통해 작은 크기의 입자를 반도체에 적용하기 시작하여 전자, 정보, 통신, 기계 등 대부분의 산업에 응용되어 제품의 크기를 줄이고 처리 속도를 빠르게 하며 저장 공간을 확대할 수 있게 된 것입니다. 우리 손 안에 있는 휴대전화가 대표적인 예라고 할 수 있지요. 또한 의료, 통신, 화학 어느 분야에서든 활용되고 있습니다. 실제로 혈관을 타고 들어가 치료를 해주는 세포로봇까지 개발해 의료현장에서 사용되고 있습니다.

제3의 물결 정보화혁명은 4차 산업혁명과 분리해서 생각할 수가 없습니다. 리프킨은 4차 산업혁명은 정보화 혁명의 연장선으로 이해할 수 있다고 했습니다. 그만큼 정보화 물결의 흐름을 타고 발전을 거듭한 결과이기 때문에 4차 산업혁명을 분절적으로 구분하고 해석하는 것은 의미가 없다는 뜻입니다. 시간 흐름의 연속선상에서 이해하고 바라봐야 합니다.

두려움인가? 편리함인가?

"디지털 포렌식 수사하면 다 나온다고? 무엇을 검색했는지도?"

"감시 카메라가 진짜 범죄예방용이야? 나를 감시하고 통제하려는 것 아니야?"

"로봇이 인간의 일을 대신한다고?"

4차 산업혁명을 이야기하다 보면 초연결성의 특징이 두드러져서 그런지 많은 사람이 실직, 개인정보의 유출, 사생활 침해 등 부정적인 측면에서 이야기를 많이 합니다. 개인적인 영역에서도 그렇지만 기업이나 사회 전반에 끼칠 영향을 생각하면 득보다 실이 많다는 예측을 내놓기도 합니다. 최악의 시나리오를 먼저 생각하는 것이지요. 물론 단순노동이나 인간이 작업하기 힘든 위험한 부분에서의 활용이 확대되고 있는 상황에서 인공지능 로봇의 등장으로 생산 부분에서의 노동력 감축이 시작되었습니다.

하지만 이는 깊게 생각해봐야 할 문제입니다. 18c 유럽에서는 공장이 생기면서 노동력의 수요가 급증하게 되고 일자리를 찾기 위해 근로자들이 도시로 모여들기 시작했지요. 노동력의 증가는 생산의 확대, 생산량 증가를 가져왔고 산업의 발달로 이어졌습니다. 그와 관련된 새로운 직업들이 생기고 수많은 일자리가 만들어졌습니다.

4차 산업혁명도 마찬가지입니다. 우려를 거두고 본다면 현대판 러다이트Luddite(19c 초 영국에서 일어난 운동으로 공장의 기계화로 인한 대량 생산으로 기술자들이 일자리를 잃게 되면서 나타난 사건) 운동의 단초가 아니라 새로운 일자리 창출이고 산업의 진화이자 발전의 계기입니다. 산업의 발달로 농촌의 쇠락과 농촌인구가 감소된 것은 사실입니다. 넓은 의미로 보면 한정된 노동력과 자원이니까요. 어느 쪽에서 활용하느냐에 따라 쏠림현상이 나타나는 것이라고 보면 이해가 쉬울 것 같습니다.

이에 빗대어 생각해보면 인공지능을 통한 생산의 자율화로 인간의 노동력에 대한 필요성이 감소할 수 있지만 그에 반해 4차 산업혁명으로 인한 새로운 직업과 일자리의 창출이 동반되는 것입니다. 인공지능이든 자동화든 인간의 손을 거쳐야만 만들어지는 결과물이라는 말입니다.

인공지능 분야가 확대되면 그것을 연구하는 분야 또한 확장됩니다. 자동화 설비를 갖추고자 할 때 그것을 생산하고 관리하는 일 또한 늘어

나야 합니다. 즉, 생산에 따른 소비와, 수요에 따른 공급이 같이 이루어
진다는 것이지요. 단순한 기계적 생산만이 아니라 인간의 삶 전반에 걸
친 변화의 최대 수혜자 및 소비자는 결국 인간이므로 인간이 해야 할 일
들은 계속해서 만들어질 수밖에 없다는 결론입니다.

도구를 만드는 것은 인간! 결코 지배당하지 않는다

인간은 두 발로 걷기 시작하면서 두 손을 이용했습니다. 손을 사용
하다가 나뭇가지나 돌멩이를 이용할 줄 알게 되었지요. 더 나아가 돌
을 깨트려 날카로운 면을 이용했던 뗀석기, 돌을 사용 목적에 맞게 갈
아 만든 간석기, 그리고 청동기, 철기까지 이용의 한계에 부딪힐 때마
다 변모를 거듭한 것이 바로 도구입니다. 인류가 살아오면서 생활을 편
리하고, 삶을 윤택하게 만들기 위해 생산한 것이지요.

인간의 필요에 의해 만들어진 도구는 인간의 생활에 도움을 주기 위
한 수단이지 인간을 지배하기 위해 만들어진 것이 절대 아닙니다. 영
화「터미네이터」를 보면 지능을 습득한 기계에 의해 인간이 지배당하
고, 그것에 저항하는 인류의 모습을 볼 수 있습니다. 과학의 발전 속도
나 상황으로 볼 때 그럴 수도 있을지 모른다는 가정 아래 설정되었지
만 영화는 설득력을 갖고 있습니다. 그만큼 논리적이고 개연성이 있다
는 것이지요. 인간이 가지고 있는 막연한 공포심을 자극하고 극대화시
켜 눈앞에서 펼쳐 보이니 그럴지도 모른다는 확신을 가질 수밖에요.

하지만 우려는 우려일 뿐 가상의 설정은 현실화되기 어렵습니다. 우
려를 무시할 수는 없지만 지나치게 걱정할 필요가 없다는 것입니다.

우려가 실제상황은 아니니까요. 우리의 실제상황은 기술의 발달로 삶의 질이 향상되었다는 것입니다. '편리함'과 '안전함' 두 마리의 토끼를 모두 잡았지요.

자, 그렇다면 우리의 미래, 앞으로의 기술의 발달은 어떻게 전망할 수 있을까요? 장담컨대, 인간이 만든 유용한 도구에게 우리가 지배당하거나 밀려나는 일은 없을 것입니다. 인간이 그렇게 무기력하고 나약하지 않거든요. 인간의 기본 성향은 불편은 덜어가고, 기능은 업그레이드시키며, 더욱 안전하고 편리한 도구로 개선해 나가는 일에 매우 적극적인 도전의식을 갖고 있답니다.

미래는 이미 우리 곁에 와 있다

'4차 산업혁명'이라는 용어는 대통령선거 공약에서도 언급될 만큼 정치·경제·사회 분야에서 회자되고 있는 말입니다. 그렇다면 '4차 산업혁명'이라는 용어는 언제 처음 쓰였을까요?

2016년 열린 세계경제포럼(스위스 다보스에서 열림-다보스포럼)에서의 주제가 'Mastering the Fourth Industrial Revolution'이었기 때문에 4차 산업혁명이라는 용어가 나오게 된 것입니다. 그러면서 등장한 다양한 분야의 새로운 용어들은 사물인터넷IoT, 3D 프린팅, AR, VR, 드론, 빅데이터, 딥러닝, 블록체인 등 이루 헤아릴 수 없지요.

사물인터넷은 모든 사물이 인터넷에 연결되어 있는 것을 말합니다. 사물과 사물이 통신신호를 주고받으면서 특정한 대상에 필요한 정보를 제공하고 연결된 기기들을 제어할 수도 있도록 하는 시스템입니다. 많은 사람이 사용하고 있는 스마트워치도 사물인터넷 기술을 적용한 결과물이라고 할 수 있지요. 사용자의 손목에 채워진 기기 속 장치들이 심장박동이나 혈압, 운동량 등을 실시간으로 제공하며 건강을 관리해주고 있기 때문입니다. 또한 휴대폰으로 집안의 보일러를 외부에서 제어하고 로봇청소기를 작동시키며 조명을 조절하고, 밥솥의 전원을 작동시키는 것 등 모든 것이 시스템화되어 인간의 편리를 도모해줍니다. 덕분에 추운 겨울 외출을 했다 귀가하면서 집안의 보일러를 작동시켜 도착하기 전 집을 따뜻하게 해줄 수도 있고, 건강이 좋지 않은 사람들은 실시간으로 자신의 상태를 체크하면서 담당 병원과 연계한 맞춤형 건강관리도 가능해졌습니다.

　3D 프린팅은 인쇄의 영역을 한 차원 높여주었다고 할 수 있습니다. 일반적인 프린터기는 종이 위에 잉크를 활용하여 글자나 그림이 들어있는 문서를 출력해내는 것이 전부였다면, 3D 프린터기는 2차원의 평면을 넘어 3차원의 공간에 다양한 재료들을 활용하여 인쇄하는 것을 말합니다.

　초기의 3D 프린터기는 주로 플라스틱 소재의 필라멘트를 활용하여 출력물을 만들었으나 최근에는 금속, 고무, 유리 등이 사용되면

3D 프린터

서 그 활용 가치가 급속도로 높아지고 있습니다. 깜짝 놀라운 것은 실제 특수 제작된 거대 3D 프린터기를 활용하여 1주일 만에 집을 짓는 경우도 있으며, 자신이 원하는 디자인의 자동차를 출력하여 실

물로 제작하는 경우도 있답니다. 심지어 군사기술 부분에서도 부품을 대체하거나 무기를 제작하는 수준까지 높아졌지요. 어느 레스토랑에서는 3D 프린터기를 활용하여 식재료를 넣어 실제 음식을 만들어내는 경우도 있다니 앞으로 활용범위가 어디까지 확장될지 궁금합니다. 의료 분야에서의 활용 가치는 더욱 높아 치아를 만들어내는 것은 물론 인공 뼈와 장기까지도 제작이 가능해서 생명 연장의 꿈을 실현시켜 주는 놀라운 도구가 되고 있습니다. 보다 많은 사람들에게 혜택이 돌아갈 것이라 생각됩니다. 인류의 삶이 윤택해지는 것이지요.

증강현실AR은 우리가 보고 있는 주변 이미지에 만들어진 가상의 이미지를 겹치게 해서 마치 하나의 영상처럼 보여주는 기술을 말합니다. 자동차에서 활용되는 전방표시장치Head Up Display가 대표적 증강현실로 운전석 앞 유리창에 내비게이션의 화면이 나타나면서 진행방향을 알려주고 속도나 각종 자동차 정보를 제공해줍니다. 또한 GPS를 활용하여 거리에 있는 건물들과 상가 등 다양한 정보를 제공해주는 기술도 등장했지요. 증강현실을 효과적으로 구현하기 위해서 만들어진 것이 '구글 글래스', '홀로렌즈' 등입니다.

몇 해 전, 전 세계적으로 열풍을 일으켰던 포켓몬 고는 증강현실을 적절하게 활용하여 상업적으로 큰 성과를 거둔 사례라고 할 수 있습니다. 게임 좋아하는 친구들은 멋진 아이디어 생각해보세요. 마크 저커버그 같은 세계적 기업가가 될 수 있는 기회입니다.

가상현실VR은 컴퓨터를 활용하여 가상의 공간을 만들고 마치 실제 환경인 것처럼 체험할 수 있는 것을 말합니다. 증강현실과 달리 가상현실은 구글 카드보드, 오큘러스 VR, 삼성 기어 VR 등 특별한 구현 장치가 있어야 활용 가능하기 때문에 아직 약간의 불편한 점이 있지요. 하지만 현실의 공간이든 가상의 공간이든 컴퓨터를 통해 만들어 낼 수 있기 때문에 실제 거동이 불편한 장애인들의 체험, 위험한 환경에서 근무하는 사람들의 사전 교육 및 안전 예방, 가상의 실험과 실습을 체험할 수도 있는 장점이 있습니다.

스티븐 스필버그 감독의 영화 「레디 플레이어 원」은 대표적인 가상현실 공간에서의 모험과 도전을 잘 반영해주었으며, VR 게임을 통해 전투장면을 실제같이 구현하기도 한답니다. VR 안경을 쓰고 롤이나 베그(베틀 그라운드)를 한다고 상상해보세요. 생각만으로도 스펙터클하지요.

블록체인은 미래 사회가 초연결 사회의 특징이 있는 것처럼 블록체인 또한 P2P^{Peer to Peer}를 기반으로 하여 하나의 플랫폼 위에 또 하나의 플랫폼을 올려 새로운 환경을 만들어내는 것을 말합니다. 미래 사회는 플랫폼의 세상이라 해도 과언이 아니지요.

블록체인 기술은 신뢰성과 투명성이 확보된다면 무궁한 발전 가능성을 가졌습니다. 〈유엔 미래보고서 2050〉에서도 2027년이면 세계 금융시장에서 블록체인 기술이 전 세계 총생산_{GDP}의 10% 정도를 차지할 것으로 예상할 정도로 미래 사회를 지배할 기술이라 할 수 있습니다.

비트코인과 이더리움 같은 것도 블록체인으로 만들어진 가상의 세계에서 사용되는 화폐입니다.

영화 「고산자, 대동여지도」에서 보면 흥선대원군은 보부상의 체계적이고 구조화된 조직의 특징을 김정호의 대동여지도의 플랫폼 위에 올려 강력한 플랫폼을 탄생시켜 반대 세력을 견제하려고도 했답니다. 당시 보부상은 전국을 무대로 방대한 조직을 구성하고 각 지역의 상황을 잘 알고 있었으니까요.

위의 용어들을 보니 어디선가 많이 들어보았고 이미 한 번쯤 접해 본 것들이지요? 바로 이것이 거센 물결을 이룰 것이라 예측되는 상황입니다. 4차 산업혁명 또는 제4의 물결로 불리는 이유이기도 하지요. 미리 겁내지 마세요. 물살의 흐름을 예상하고 준비한다면 휩쓸려 갈 일은 없습니다.

이제 우리는 준비하고 도전해야 할 때입니다. 바로 지금!

02

이제는
초연결 사회

모든 것이 연결되는 사회에서 중요한 것은
서로가 가진 의미의 연결이다!

현대 사회는 초연결 사회입니다. 기계와 기계, 인간과 인간, 기계와 인간 등 우리가 상상하는 것 이상으로 세상 것들은 연결되어 있답니다. 지금 이 순간에도 방대한 데이터가 연결고리를 찾아가고 있다고요! 그것도 무수히 많이 아주 빠르게. 그렇지만 절대로 우리 눈에는 보이지 않습니다. 못 믿겠다고요? 지금 여러분 손에 들린 통신기기는 마음만 먹으면 해외 어디를 막론하고 연결이 가능하지요. 사이트에 회원 가입을 하거나 등록하면서 '동의'를 클릭하는 순간 연결이 됩니다. 물건을 사거나, 문자를 주고받고, 자료를 찾거나 올리고, 정보를 공유하는 것 등 사이트를 통해 온갖 것들이 연결되고 있습니다.

온라인으로 연결된 인터넷 사용자가 30억 명이 넘었으며, 휴대전화 가입자는 70억 명이 넘었다고 합니다. 우리가 사용하고 있는 휴대전화와 인터넷을 통해 나를 알고 있고, 내가 알고 있는 사람들뿐만 아니라 내가 알지도 못하는 사람들과도 연결이 자연스러워지고 있습니다. 페이스북에서의 친구 요청이 하루에도 십여 명씩 들어오고 유튜브와 트위터, 잘로^{Zalo}, 위챗^{WeChat} 등 언제 어디서든 서로 연결이 되고 있습니다. 온라인상에서는 국경도 초월합니다. 연예인 팬클럽이나 여행, 취미, 독서 등 다양한 콘텐츠를 서로 공유하면서 시공간을 초월한 연결사회가 실질적인 지구촌을 형성하고 있으니까요. 대한민국의 스타들이 전 세계에서 인기를 얻고 한글을 알리며 세계 속의 대한민국의 자랑스러운 모습을 보여줄 수 있는 기회이기도 합니다.

그런데 연결된 데이터들은 개인의 생활을 편리하게도 해주는 반면 유출되었을 때의 부작용 또한 큽니다. 각종 해킹사고 등이 그것이지요. 매우 조심스러운 부분이지만 그에 따른 우려도 이해가 됩니다. 하지만 "구더기 무서워 장 못 담그랴."라는 속담이 있듯 우리는 인터넷 초연결 사회를 거부할 수 없습니다.

글로벌 시티즌십이 필요하다

공간을 초월한 다양한 연결은 우리가 알지 못하는 새로운 세계에 대한 지식과 정보의 확장을 가져옵니다. 우리가 살고 있는 지역을 벗어나 보다 넓은 세상으로의 진출을 이룰 수 있게 하지요. 미지의 세상으로의 진출은 사고의 지경을 넓혀주고 새로운 사람들과의 관계가 형성되며, 풍성한 지혜와 경험을 공유하게 된다는 장점이 있습니다. 우리의 이상과 포부를 실현하는 데도 큰 영향을 미치지요.

단, 주의해야 할 것은 정보통신 윤리이자 글로벌 시티즌십Global Citizenship이라 할 수 있습니다. '지구'에 공존하며 세계인들이 하나로 연결되는 상황입니다. 드넓은 우주 공간에 티끌만한 크기에 불과한 지구별 사람들이 온라인이라는 새로운 공간을 만들고 어울려 살아가게 되니 서로에 대한 이해와 공감이 필수적으로 뒷받침되어야 합니다.

온라인으로 연결되기 전까지만 해도 세계의 다양한 문화는 느린 속도로 전해졌으나 초고속 통신망의 발달로 인한 전파 속도는 상상할 수 없을 정도로 빨라졌지요. 실시간입니다. 올림픽이나 월드컵 축구, MLB야구 등 LIVE 현장중계를 보면 실감나지요. 방탄소년단BTS의 팬들이 새로운 춤동작을 익히고 노래를 따라 부릅니다. 가수 싸이의 강남스타일이 한창 유행할 때 싱가포르 크루즈여행의 댄스파티에서 마지막 곡으로 강남스타일이 흘러나오자 전 세계에서 모인 여행객들이 너나 할 것 없이 그 춤을 따라하는 장면은 온라인을 통해 세계인들이 하나로 이어졌다는 것을 실감할 수 있었습니다. 국경과 이념을 초월해 하나가 될 수 있다는 것이지요.

그래서 더욱 상대방의 문화와 감정, 생각, 경험에 대한 이해와 존중이 중요한데 이것이 바로 글로벌 시티즌십입니다. 온·오프라인으로 연결되는 사회에서 우리 각자는 자신이 속한 나라와 지역의 문화를 알리고 전파하는 공공외교관입니다. 사이버 외교사절단 반크VANK에서 외치는 것처럼 우리들 각자가 외교관의 입장에서 생각해보면 자연스럽게 지켜야 할 것들과 버려야 할 것들이 가려질 것입니다. 자문화중심주의처럼 우리 것만 주장해서도 안 되고 사대주의처럼 저들의 것만 우선시해도 안되겠지요.

세계와 조화를 이루는 글로벌 시티즌십이 중요하며 이것이 주체성과 포용력을 가진 세계 시민이라고 할 수 있겠습니다.

빅데이터의 활용은 무궁무진하다

정보저장 장치의 발달과 초연결 사회를 기반으로 새롭게 부각되고 있는 것이 빅데이터입니다. 인류의 기원부터 지금까지 쌓아온 지식의 총량이 어마어마합니다. 이를 효율적으로 활용하면 미래 사회를 살아가는 데 큰 도움이 될 것입니다. 개인적인 정보 누적과 그것을 활용한 맞춤형 정보제공으로 삶의 질이 윤택해지며 시간을 절약할 수도 있지요. 어쩌면 여러분이 빅데이터를 활용하는 새로운 직업의 주인공이 될 수도 있습니다.

일례로 휴대폰으로 맛집을 몇 군데 검색해보고 그곳을 방문했다면 다음 검색 때 검색했던 맛집과 같은 메뉴를 판매하는 식당을 안내해준다거나, 여행 사이트에서 가고 싶은 곳을 검색하다 보면 어느 순간 그 지역의 호텔, 음식점, 유명 관광지, 렌터카 회사 등 검색한 지역과 관련된 다양한 정보들이 제공됩니다. 쇼핑사이트는 자신이 클릭한 상품을 모니터 하단에 띄워주기까지 합니다. 저는 광고로만 알았는데, 자세히 보니 모두 제가 클릭한 것들이었습니다. 순간 소름이 돋았지만 이 정도로 빅데이터가 발달했다는 것이 놀라웠습니다. 단순히 기억하는 것을 떠나 무엇인가를 제시해주고 있잖아요. 이 얼마나 무서우면서도 편리한 세상인가요? 그래서 빅데이터에 대한 의견은 두 가지 의견으로 갈릴 것 같아요.

"진짜 무섭네, 내가 클릭한 모든 것들을 알고 있다니!"

"우아~ 잘 활용하면 새로운 사업이 무궁무진하겠는데…."

어쩌면 자신보다 더 객관적으로 자기를 잘 분석하고 관련 정보를 제공해줍니다. 데이터의 연결과 활용이 편리하지만, 반면에 그 지능적인 접근이 두렵기까지 합니다. 하지만 두렵다고 벌벌 떨지 말고 우리에게 유익이 되도록 그것을 최대한 잘 활용해야겠습니다.

그렇다면 학생인 우리는 빅데이터를 어디에 쓰는 것이 효과적일까요. 공부? 혹시 시중에 나와 있는 다양한 공부법 관련 책들을 모조리 섭렵했지만 자신과 맞지 않아 내던진 적이 있나요. 공부법을 강요한다는 느낌이 들고 그대로 따라 해봤지만 별 실효를 거두지 못한 적 말이에요.

'공부에는 왕도가 없다'는 말처럼 공부 방법에는 정답이 없기 때문에 수많은 이론과 방법들이 나오지만 정작 도움을 받았다는 말은 못 들어봤습니다. 중요한 것은 자신의 공부 습관과 패턴을 얼마나 잘 파악하고 부족한 것이 무엇인지 객관적 데이터를 활용해서 분석하고 그것을 어떻게 실천하느냐에 달려있지요. 앞으로는 빅데이터가 아마도 뇌파까지 분석해 공부가 잘 되는 시간을 알아내고 그 시간을 알려주어 공부효과를 극대화시켜 줄 수도 있습니다. 마법 같은 일이지만 과학의 발달 속도로 보았을 때 머잖은 미래에 가능한 일이랍니다. 그래서 직업도 빅데이터 분석과 관련하여 정보 분석가, 통계학 등의 관련 전공이 부각되고 있으며 수요도 많아지고 있답니다. 우리가 일반적으로 생각하는 단순한 데이터의 집합에서부터 각종 데이터들을 분석하여 새로운 예측 모델을 만들어내는 것까지 다양하게 활용하고 있지요. 무심히 지나쳐서 그렇지 빅데이터는 이미 우리 생활에 깊숙이 들어와 있습니다.

빅데이터라는 개념이 등장한 것은 그리 오래되지 않았습니다. 그러나 우리 조상들은 이미 자료를 모으고 활용하고 생활에 적용하고 있었습니다. 허준의 『동의보감』은 동양 최고의 의서로 꼽히는데 허준이 어느 날 새롭고 신기한 의서醫書를 저술한 것이 아니라 기존의 의서에 나와 있는 내용을 바탕으로 우리의 산하山河에서 나는 약초들의 효능을 분석하고 활용하여 치료 효과를 얻어 낸 빅데이터를 정리한 것입니다.

삼국지에서 제갈공명의 적벽대전은 어떠한가요. 동남풍이 불 것이라고 예측한 것은 신이 알려준 것이 아니랍니다. 오랜 시간 기록된 기상 변화의 데이터를 활용하여 동남풍이 부는 시기를 알아낼 수 있었던 것이며, 그것을 실전에 적절하게 활용한 것이라고 할 수 있습니다.

우리가 흔히 말하는 토정비결이나 수상手相, 관상觀相도 마찬가지지요. 오랜 시간을 살아오면서 정리된 통계 자료들을 살피고 적용해서 비슷한 출생연도와 눈, 코, 입의 생김새를 분석하여 만들어진 것입니다. 이뿐만이 아닙니다. 고대 4대 문명의 공통점 중 하나는 천문학이 발달했다는 것인데, 하늘의 별자리를 수년 동안 관찰한 결과 강의 범람 시기를 알아내고, 날짜를 계산했으니 이 또한 빅데이터의 활용이라고 할 수 있습니다.

과거에는 자료를 통합하는 데 시간이 오래 걸렸지만 현대는 어떻습니까. 수천 년의 기록(역사시대)과 컴퓨터를 이용해 빠르고 정확하게 자료를 분석하고 원하는 자료를 뽑아내지요. 이집트문명의 천문학자가 요즘 태풍의 예상경로, 폭설, 폭우의 예상량 등을 기상 예보하는 것을 보면 뭐라고 할까요? "오, 판타스틱!"

정글을 뛰어넘은 온라인 플랫폼 아마존

'아마존' 하면 무엇이 먼저 떠오르나요. 남아메리카를 가로질러 흐르는 7,000km가 넘는 지구의 허파인 밀림이 생각난다고 하면 "오, 공부 꽤나 하는데!" 하고 감탄할까요? 아닙니다. 아마 시대에 뒤떨어졌다는 질타가 돌아올걸요. 온라인도서 판매에서 시작해 최근에는 인터넷 쇼핑몰의 중심으로 성장한 다국적 기업이자 상거래의 혁신을 바꾼 아마존닷컴으로 통용되니까요.

요즘은 온라인으로 자리 잡은 아마존이 오프라인으로까지 영역을 확대하면서 그 영향력을 넓혀가고 있습니다. 아마존의 이름처럼 전 세계에 다양한 제품들을 판매하고자 연구와 투자를 확대하고 있으며 실제 드론 배달 서비스를 시행하기 위해 준비 중에 있다는 것은 잘 알려진 사실입니다. 아마존의 기업 가치가 150조 원이 넘었으며, 시가 총액으로도 세계 10대 기업 안에 드는 인터넷 전자상거래 업체로 성장했지요. 그 원동력은 무엇일까요?

첫째, 시대 변화를 예측했기 때문입니다. 인터넷 기술의 발달로 오프라인 매장이 아닌 온라인을 통한 거래가 활발해질 것이라는 것을 예상하고 인터넷 판매를 먼저 시행했습니다. 실제 온라인의 중요성이 증대되고 사용 인구가 급증하면서 크게 성장할 수 있었지요. 현재는 오프라인 상권보다 온라인 상권이 더 큽니다. 아마존이 1994년에 처음 생겼으니 자그마치 25년 전에 이미 미래 사회 변화를 예측한 판단력을 인정해야 합니다.

둘째, 플랫폼의 구성이 탁월했습니다. 아마존은 물건을 판매하는 플랫폼이 탄탄합니다. 기존 시장의 개념을 뛰어넘어 눈에 보이지 않지만 거래가 이루어질 수 있는 온라인 플랫폼의 구성으로 사람들이 직접 매장에 가지 않고도 제품을 정확하게 확인하고 구입할 수 있습니다. 신뢰를 바탕으로 시간과 비용을 절감할 수 있어 큰 호응을 얻은 것이지요. 소비자의 욕구를 분명하게 인지하고 그것을 충족시키는 방법을 연구한 결과입니다.

셋째, 두둑한 배짱과 꿈을 가진 리더 제프 베조스Jeff Bezos의 존재입니다. 어느 기업이든 최고경영자는 존재하지만 그가 가진 역량에 의해 회사의 명운이 갈릴 수 있습니다. 그런 면에서 탁월한 리더인 제프 베조스는 아마존 성장의 큰 기둥이지요. 그는 자신의 뛰어난 재능과 실력을 인정해주고 영입하려는 굴지의 기업들을 뿌리치고 무모하다고 손가락질 받을 수 있는 분야로 과감히 뛰어들었지요. 인터넷이 세계를 움직일 것이라는 뛰어난 감각과 판단력, 향후 우주 시대를 열겠다는 미래에 대한 꿈과 비전이 아마존을 세계 1위 전자상거래 업체로 만들 수 있었던 것입니다.

B2B로 승부를 건 알리바바

미국에 아마존Amazon이 있다면 중국에는 알리바바Alibaba가 있습니다. 교사 출신인 마윈에 의해 만들어진 알리바바는 막대한 중국 제조업을 바탕으로 기업 간 거래 서비스인 B2BBusiness to Business방식으로 큰 성공을 거두었지요. 즉 기업들이 필요로 하는 것을 서로서로 연결시켜주는 역할을 한 것입니다.

중국의 제조업은 엄청난 노동력과 15억의 내수 시장, 저렴한 인건비를 바탕으로 제조 원가를 낮출 수 있어 세계 기업의 생산을 책임지고 있습니다. 이것을 바탕으로 기업과 기업을 연결시켜줄 플랫폼을 만들어내고, B2C^{Business-to-Customer} 거래가 가능한 '알리 익스프레스'를 만들어내면서 한 단계 성장합니다. 나아가 보다 원활한 온라인 결제가 가능하도록 '알리페이'라는 결제 시스템을 개발해 제공하면서 혁신적으로 성장했습니다. 그렇다면 알리바바를 이끈 마윈의 성공 전략은 무엇일까요?

첫째, 중국의 현실을 제대로 분석하고 이해했습니다. 마윈은 미국에서 처음 인터넷을 접하고 그 시장성과 무한한 성장가능성에 놀랍니다. 향후 시장의 큰 흐름이 될 것이라는 판단 아래 사업을 계획하지요. 그러나 중국에서는 인터넷을 경험해보기 힘들다는 현실에 인터넷 홈페이지 제작업체부터 시작합니다. 또한 중국의 값싼 생산원가로 세계 기업들이 중국으로 몰려오는데, 하청이나, 기타 부속물, 부품의 생산을 도울 순수한 중국 기업에 대한 정보가 부족하다는 것을 알고 B2B 서비스를 제공하면서 성장 가도를 달리게 되지요. 하나를 보고 열을 생각한 것입니다.

둘째, 당장의 이익보다는 앞으로의 비전을 높게 보았습니다. 기업을 경영하면서 자본이 부족한 기업은 외부 투자 유치를 통해 연구·개발을 합니다. 사업에 있어 가장 중요한 것은 자본이고 돈 한 푼이 귀한 지경이지요. 그래서 경영자들이 사업에 동력을 받기 위해 투자 유치를 이끌어내는 일은 매우 중요합니다. 자금이 풍족해야 원하는 대로 기업을 운영할 수 있기 때문이지요. 그러나 자금을 거머쥔 투자자들은 쉽게 돈을 내주지 않습니다. 기업의 재무상황이나 미래 비전을 보고 투자를 결정합니다.

처음 알리바바의 마윈도 투자 유치를 진행할 때 군소 투자자들이 투자를 거절하면서 힘들게, 힘들게 기업을 유지했습니다. 그러나 세계적으로 이름 있는 기업의 투자 유치가 성사되면서 향후 다른 투자 유치로 이어지게 되어, 회사를 지킬 수 있는 큰 버팀목이 되었습니다. 투자 기업이 눈앞의 이익에만 집중했던 것이 아닙니다. 알리바바가 주도할 미래의 사업성을 보았던 것이지요.

셋째, 리더의 겸손과 자신감입니다. 마윈은 알리바바 그룹을 세계적 기업으로 성장시키면서도 늘 자신이 물러날 시기를 이야기했습니다. 미래는 후배들의 자리가 되어야 하고 자신의 경험을 물려주기 위해 때가 되면 은퇴해야 한다는 철학을 가지고 있었습니다. 또한 삶을 살아가면서 중요한 것은 벌어놓은 재산이 아니라 얼마나 많은 경험을 했느냐가 중요하다고 생각하고 산전수전 다 경험하는 것이 삶을 풍요롭게 한다고 말합니다. 그는 "젊어서 고생은 사서도 한다."는 속담을 비유적으로 많이 이용합니다. 실제 마윈은 외부에서 생각하는 엄청난 재산의 소유자일 것이라는 것과 달리 회사의 많은 지분을 갖고 있지 않다고 합니다. 다만 모두가 함께 부자가 되고 행복을 나눌 수 있는 경험과 기회를 나누는 것을 중요하게 생각하지요. 참으로 멋진 가치관을 가진 기업인입니다.

초연결 사회 중심은 관계의 형성이다

페이스북이 개인과 개인의 연결을 시작으로 성장했고, 아마존은 온라인이라는 가상의 공간을 활용해 공급자와 수요자를 연결했으며, 알리바바는 B2B에서 B2C까지의 다양한 관계를 연결시키며 성장했습니다. 이들이 중요시 여겼던 가치는 바로 '인간'입니다. 인간을 중심에 놓고 욕구와 기대를 충족시켜줄 방법을 찾은 것입니다. 그리고 그것을 연결해주었지요.

우리가 사는 사회도 마찬가지입니다. 무인도에서 혼자 살지 않는 한 사회적으로 유기적인 연결고리를 가지고 있습니다. 우리가 원하지 않더라도 태어나는 순간부터 인간관계가 형성됩니다.

가장 먼저 가정에서의 연결입니다. 혈육은 피로 연결된 가족이기 때문에 그 어떤 연결보다 끈끈하고 소중합니다. 생김새는 물론이고 성격이나 성향이 대물림되는 것을 보면 "피는 물보다 진하다."라는 말이 실감납니다. 그만큼 가족과 '나'는 떼려야 뗄 수 없는 관계이지요. 그 어느 것보다 중요하고 의미 있습니다.

그러나 가족의 개념이 과거와 많이 달라졌습니다. 과거에는 식사를 같이 하고, 함께 시간을 공유하면서 연결고리의 이음새를 놓지 않았다면, 요즘은 서로 바쁜 일정 탓에 공간과 시간을 함께 하지는 못하지만 발달된 인터넷 환경을 이용하여, 전화나 SNS 등을 통해 연결고리를 이어가고 있습니다. 한 가족이 엄마는 서울, 아빠는 도쿄, 첫째는 뉴욕, 둘째는 프랑스 파리에 있는 경우에도 통신망을 통해 연결되고 마음을 나누기도 하니까요.

다음은 이웃 간의 연결입니다. 과거 아이를 키우는 공간은 마을 전체였습니다. 이웃 간의 관계가 중요하고 서로서로 내 자식 챙기듯 이웃의 아이들을 교육하고 격려하며 훈계하고 성장을 도왔지요. 최근 '마을교육', '마을공동체', '마을학교'라는 이름으로 새롭게 마을의 중요성을 이야기하면서 이웃 간의 연결을 강조하고 있는 것은 과거로의 회귀가 아니라, 개인화된 사회의 문제점을 인식한 해결방법의 모색이라고 볼 수 있습니다. 아파트 앞집에 누가 살고 있는지도 모르는 현실을 개선하기 위한 다각적 노력인 것이지요.

인터넷 환경의 카페나 동아리 모임 등이 활성화되는 것도 인간 대 인간을 연결하는 데 긍정적인 역할을 하고 있습니다. 같은 목적을 가진 사람들이 지식과 정보를 나누며 끈끈한 유대감을 형성해가고 있으니까요. 이제는 이웃의 범위를 인터넷 속 세상까지 넓혀야 합니다.

국가의 연결은 상생의 길입니다. 고대시대부터 끊임없는 영토 확장으로 서로 먹고 먹히는 앙숙의 관계였지요. 중세 종교전쟁을 거쳐 근대 이념의 대립까지. 나라 간 전쟁은 끊임없이 이어졌습니다. 세계 대전을 일으켰던 원인도 자국의 이익과 생존을 위해 주변국을 침략하고 식민지화하려는 의도가 있었기 때문입니다. 아직까지도 우리는 아물지 않은 상처를 안고 사는 상황이고 현재 진행 중인 내전이나 이스라엘 대 팔레스타인 등 종전되지 않는 싸움이 지속되고 있습니다.(아, 우리나라도 아직 휴전 상태군요.)

그러나 최근에는 국가의 개념을 뛰어 넘는 다국적 기업의 약진으로 전 세계가 하나의 공간이 되어가고 있습니다. 지구별 주민으로 살아가기 위해 상호 이익을 추구하는 윈윈 전략이 필요합니다. 상대를 존중하고 화해와 용서의 자세로 아픈 상처를 치유하며 희망의 미래로 나아가야 합니다. 상생에는 누가 먼저랄 것이 없습니다. 서로가 솔선수범의 자세로 나아갈 때 세계가 아름답게 연결됩니다.

03

미래를 보여주는
사람들

끊임없는 상상과 질문으로
미래를 그리다.

　모두가 미래에 대해 막연한 상상을 하고 기대 어린 추측을 합니다. 여러분도 초등학교시절부터 미래의 지구 그리기나 미래 생활 글짓기 같은 활동을 했을 것입니다. 저도 했던 것들인데 변하지 않고 그 활동을 하는 것은 미래는 언제나 다가오고 있기 때문입니다. 생각해보면 제가 그렸던 미래는 아직 오지 않은 것 같습니다. 저는 영화 『아쿠아맨』에서 나올 법한 해저 도시를 그렸었거든요. 해저터널 공사에 대한 뉴스를 접하면 내심 제 상상이 이루어지는 것 같아 뿌듯하지요. 물론 제가 해낸 일은 아닙니다.

　"한 치 앞도 못 본다."는 말이 있지요. 당장 일어날 일도 알지 못하는데 앞으로 어떻게 될지 모르는 미래를 보여준다는 것이 가능할까요? 우리는 불가능하다고 생각하지만 어떤 사람들은 미래를 상상하고 그 상상을 현실로 만들기 위해 행동으로 실천하고 있답니다. 그들을 보며 무모하고 어리석다고 비난하고 조롱하는 사람들이 있는가 하면, 위대하고 역동적이며 개척자라고 칭송하는 사람들도 있지요. 여러분은 어떻게 생각하나요?

중요한 것은 결과일 수도 있겠지만 그들은 과정을 중시하고 그 과정에 충실하다 보면 결과도 긍정적으로 나타나게 될 것이라고 믿습니다. 그러나 그들은 예언가도 아니고 선지자도 아니며 신의 계시를 받은 사람은 더더욱 아닙니다. 그런데 어떻게 이들이 미래를 보여준다는 것일까요?

글로 미래를 여는 앨빈 토플러

미래학자로 너무나도 유명한 앨빈 토플러Alvin Toffler는 『제3의 물결』, 『미래 쇼크』, 『부의 미래』 등 다양한 저술 활동을 통해 미래 사회에 대한 이야기를 전하고 있습니다. 이 책들은 누구나 인정하는 미래 관련 도서들로 제목에서도 알다시피 경제와 정치, 사회, 과학기술 전반에 걸쳐 그의 학자적 연구가 들어 있는 결과물입니다. 그런데 그는 어떻게 해서 미래학의 전문가가 된 것일까요? 현재를 분석해서 미래를 예측하는 미래학의 기본에 충실했기 때문입니다.

미래는 어느 날 갑자기 시작되는 것이 아니라 과거를 알고 현재를 바르게 이해할 때, 미래가 보이는 것입니다. 다른 말로 풀이하면 우리 조상이 살았던 과거와 우리가 사는 현재는 미래의 토대이자 기반이라는 사실입니다.

앨빈 토플러를 미래학의 대표 인물로 만든 역작은 『제3의 물결』입니다. 1980년에 저자는 이 책에서 이미 21세기 정보화 혁명을 이야기하며 매우 급속도로 전개될 것이라고 주장했습니다. 정보화 혁명을 통해 기존 산업사회의 소품종 대량 생산의 흐름에서 다품종 소량 생산으로의 변화를 예견했습니다. 또한 정보 습득의 여부가 삶을 변화시킬 수 있다고 보고 지식과 정보의 중요성을 강조했습니다.

"우아~ 미래 사회 변화를 정확하게 예상했는걸!"

"역시 미래학자다운 식견이군!"

감탄할 필요 없습니다. 1980년 책이 출간될 당시 세계의 사람들이 이미 그럴 것이라고 인정하고 받아들인 부분이니까요. 그렇다면 누구나 상상할 수 있는 일 아니었냐고요? 아닙니다. 개인용 퍼스널 컴퓨터조차 널리 보급되기 이전이니 그야말로 예측이고 예견이었습니다. 딱 들어맞은 것이 그를 더 유명하게 만든 것이지요.

우리가 유추하고 있는 미래 사회도 마찬가지입니다. 다양하고 넘치는 지식과 정보를 누가 빨리 습득하고 처리해서 활용하느냐에 따라 다양한 계층으로 분류될 것입니다. 실제로 세계 유수의 기업들과 신흥 부자들의 모습을 살펴보면 지식과 정보를 취급하는 플랫폼을 가진 자들이 비약적으로 증가하고 있지요. 그것이 곧 자산이니까요. 여기에 더해 앨빈 토플러가 만든 개념 중에 하나가 재택근무인데 이는 이미 실현되고 있으며 노동환경과 근무조건의 변화와도 직결됩니다. 불필요한 사무실을 없애고 책상을 함께 쓰며 출퇴근 시간이 자유롭고, 컴퓨터로 연결되어 가정에서 충분히 업무를 수행하고 있는 환경이 된 것이지요.

우리는 40여 년 전에 나온 그의 예견이 현실화되는 것을 목격하고 그것을 바탕으로 다가올 미래를 준비하는 데 도움을 받습니다. 역사적 흐름을 분석하고 적용한 앨빈 토플러. 그의 생각과 현실 분석 능력이 얼마나 대단한지 실감하면서 말이지요.

영상으로 상상력을 펼치는 스티븐 스필버그

상상력과 기획력, 재미와 놀라움의 종합체인 SF 영화의 대표적 감독으로 스티븐 스필버그를 꼽을 수 있습니다. 1975년 영화 「JAWS : 죠스」의 성공은 전 세계에 스필버그 감독을 알리는 대표적 작품이 되었으며, 4억 달러가 넘는 흥행 수익을 통해 영화계의 스타 감독이 됩니다.

스필버그 감독은 어릴 때부터 영화에 관심이 많아 영화를 직접 촬영하고 제작을 해서 상영을 하는 등 남다른 재능을 보였다고 합니다. 「JAWS」 성공 이후 「E.T.」를 통해 다시 한 번 세상을 놀라게 합니다. 아직도 눈에 선한 외계인 E.T.를 태운 자전거가 하늘을 나는 장면은 모르는 사람이 없을 것입니다. E.T.는 "The Extra Terrestrial"의 줄임말로 외계인을 의미합니다. 1982년 영화에 외계인을 등장시켜 지구를 파괴하려는 적대적 외계인이 아니라 인류를 도와 서로 협력하는 선한 외계인을 표현한 것은 정말 과감하

스티븐 스필버그 「E.T.」

면서 대단한 창의력이었지요.

「Jurassic Park : 쥐라기 공원」도 마찬가지로 작은 상상력에서 영화가 시작되었다고 볼 수 있습니다. 우연히 발견된 호박벌 화석에서 공룡의 DNA가 발견되고 그것을 활용해 유전자 조합을 이용, 중생대에 지구를 호령했던 공룡을 부활시킵니다. 학교에서 이론으로 배우던 공룡과 관련된 지식을 틀에 박힌 공부로 그친 것이 아니라 브라운관으로 불러내어 아이들의 호기심과 상상력을 자극시키며 흥행 대박을 이루어낸 것이죠. 「인디애나 존스」 시리즈 또한 고대 유물을 찾아 나서는 주인공의 모험담을 스릴과 박진감으로 채워 넣어 흥행에 성공시킨 놀라운 능력을 보여주면서 과거와 현재를 연결하는 판타지를 보여줍니다. 거기에 스릴까지 접목시켜 고고학을 바라보는 시각의 변화를 끌어냈지요.

과학이 발전하고 획기적인 변화를 이끌지만, 미래 사회의 핵심은 삶의 가치를 어디에 두느냐 하는 것입니다. 그것을 스티븐 스필버그는 '인간애'라는 아주 보편적이고 윤리적인 것에 근원을 두는 것 같습니다. 설령 여러분이 다른 것에 가치를 둔다고 해서 그 가치가 하찮거나 멸시의 대상이 되는 것은 아닙니다. 개성은 존중받아야 하고 서로 다름이 사회를 이끌어가니까요. 하지만 개인이 추구하는 가치들 위에 함께 더불어 살아가는 삶을 두어야 합니다. 삶의 의미를 더 값지게 만드는 비법이니까요.

자, 이제 자신을 한번 돌아보세요. 그리고 물어보세요. 나는 삶의 가치를 어디에 두고 있는지를….

변화는 두려움이 아닌 과감한 도전이다. 스티브 잡스

혁신을 이야기하면서 가장 먼저, 가장 많이 언급되는 인물이 애플의 창업자 스티브 잡스입니다. 스티브 잡스는 우리에게 익숙한 매킨토시와 아이팟, 아이폰을 만들어내면서 세상을 놀라게 했고 새로움을 추구하고 변화를 이끌어내는 롤 모델로 자리매김하고 있으니까요.

애플의 특징은 한마디로 아름다움을 추구하는 미美와 인간에 대한 깊이 있는 이해와 성찰을 통한 감성에, 신기술을 적용하고 세련된 디자인으로 제품을 만든다는 것입니다. 그 결과 '앱등이'라는 신조어가 만들어질 정도로 애플사의 제품은 두터운 마니아층을 구성하고 있으며 신제품 출시 일에 맞춰 해외까지 가서 구입하는 사람들이 있다고 합니다. 그만큼 매력 있다고 생각하는 것이지요. 췌장암 판정을 받고 투병 생활을 하다 세상을 떠난 스티브 잡스를 전 세계 사람들이 애도하는 장면과 사후 전기, 영화 등을 통해 그의 삶을 재조명하는 모습들을 보면 잡스에게는 뭔가 특별한 것이 있지 않을까요.

"여러분의 시간은 한정되어 있습니다. 그러니 남의 인생을 사느라 시간을 허비하지 마세요. 과거로부터의 관습, 즉 남이 생각하는 결과에 맞춰 살아가는 함정에 빠지지 마세요. 다른 사람의 의견이 자신의 내면의 소리를 막는 소음이 되지 않게 하세요. 가장 중요한 건 여러분의 마음과 직관을 따르는 용기를 갖는 것입니다. 여러분은 무엇이 되고 싶은지 이미 알고 있을 것입니다. 다른 것들은 모두 부차적인 것입니다."

-스티브 잡스, 스탠퍼드 대학 연설 중에서-

그의 삶은 일반적이지 않고 평탄하지도 않았습니다. 학교를 중퇴하고 창고에서 빈둥대던 시절을 거쳐 회사를 설립했지만 승승장구하던 회사에서 쫓겨나고 다시 복귀하는 등 파란 만장한 삶을 살았지요. 그런 그에게 가장 중요했던 가치는 자신에 대한 믿음이었다고 합니다. 그 믿음을 바탕으로 어려움도 극복하고 새로움에 도전하며 실패를 이겨낼 수 있었던 것이지요.

뭐하세요? 당장 두 주먹을 불끈 쥐고 '난 할 수 있어!' 외쳐 보세요. 자신에게 신뢰를 보내는 길이니까요.

매력적인 히어로, 아이언맨 일론 머스크

마블 영화의 히어로인 아이언 맨은 테슬라 모터스의 CEO인 일론 머스크Elon Musk를 모델로 만들어졌다고 합니다. 일론 머스크는 세계적 전기 자동차 회사인 테슬라 모터스의 최고경영자이지요. 또한 민간 우주선을 개발하고 시험하며 민간 우주 시대를 앞당기고 있는 스페이스 X의 대표이기도 합니다. 과거부터 시대를 풍미했던 슈퍼맨, 베트맨 같은 히어로에서 신기술을 가진 새롭고 강력하고 매력적인 히어로인 아이언맨의 실제 모델이라는 것은 어떤 의미일까요?

일론 머스크는 청소년 시절 컴퓨터 게임을 만들어 판매할 정도로 뛰어난 재능을 보였다고 합니다. 모험가이면서 발명가이자 투자자인 머스크는 자신이 처한 상황에 당황하지 않고 결단력 있는 행동으로 위기를 극복해가면서 신뢰를 얻으며 톡톡 튀는 말과 행동으로 사람들을 놀라게 했습니다. 전기 자동차의 새로운 지평을 열고 대중화에 앞장 선 테슬라의 경영을 보더라도 자신감 넘치는 운영과 도전의 모습이지요. 무모할 것 같은 우주선 개발에 뛰어들어 발사체의 재활용 가능성을 보여주고 우주 비행에 필요한 시간과 비용을 단축시키고 있습니다.

연구 개발 중인 초고속 터널의 진행은 대중교통의 새로운 변화를 가져올 것으로 보입니다. 이는 극심한 도로 정체의 문제를 해결하기 위함으로 이미 스티븐 스필버그의 영화 『마이너리티 리포트』에서도 나왔던 오토 파일럿의 전단계라고 보면 될 것입니다.

머스크의 멈추지 않는 도전 정신은 새로운 가치를 창출하고 세상을 변화시키며 사람들을 자극시키는 원동력이 되곤 합니다. 미래는 도전하는 자의 것입니다. 도전하는 자의 모습은 아름답고, 아름다움은 즐기는 자의 몫이지요. 문제가 생기고 어려움에 부딪히더라도 즐기며 도전하는 자는 후회가 없고 무너지지 않는 것입니다. 승리의 영광만 있을 뿐이지요.

컴퓨터의 기초를 만든 폰 노이만과 앨런 튜링

우리가 흔히 알고 있는 컴퓨터의 선구자인 폰 노이만John Von Neumann은 양자물리학과 연산 이론의 전문가로 유명합니다. 컴퓨터와 관련해서는 논리적인 문제 해결에 바탕을 둔 연구를 많이 했습니다. 폰 노이만의 프로그램 내장 메모리 순차 처리 방식을 바탕으로 EDSAC이 만들어졌고 이후 급속도로 컴퓨터는 발전해갑니다.

그는 컴퓨터 연구 초기에 현재 사용 중인 컴퓨터의 기본 구조인 '기억장치→입력, 출력→중앙처리장치'의 구조를 설계했으며, 우리와 밀접한 관련이 있는 것은 '맨해튼 프로젝트'입니다. '맨해튼 프로젝트'는 2차 세계 대전이 한창일 때 핵무기 개발에 참여해 폭탄의 성능을 효과적으로 증진시키는 이론을 만들어낸 것으로 '폭탄에 의해 피해를 극대화시키기 위해서는 폭탄이 지상에 떨어지면서 폭파하는 것보다 지상 위에서 먼저 폭발하는 것이 큰 피해를 줄 수 있다'는 것입니다. 이것을 바탕으로 히로시마와 나가사키에 원자탄이 투하되면서 큰 피해를 입혔고, 결국 일본은 무조건 항복을 하게 되지요. 이런! 위대한 발견이라고 하기에는 희생자들이 너무 많아서 망설여지는군요.

폰 노이만은 어릴 적 부유한 집안에서 태어나 엘리트 교육을 받으며 천재성을 가지고 성장했습니다. 백과사전의 내용을 통째로 암기할 정도로 기억력이 뛰어났으며 다양한 외국어를 원어민처럼 구사할 수 있었다고 하니 정말 천재는 천재인 듯합니다. 타고난 두뇌에 노력까지 곁들여 산업 물결의 흐름을 바꾼 셈이네요.

노이만과 양대 산맥이라 할 수 있는 앨런 튜링Alan Turing도 있습니다. 튜링은 프린스턴 대학에서 공부하고 영국으로 돌아와 연구에 집중하다 2차 세계 대전이 발발하고 독일의 연승에 제동을 걸게 되는 사건이 일어나는데, 바로 독일 군대의 암호 체계인 '에니그마'를 해독하여 비스마르크호의 격침을 이끌어낸 것입니다. 『이미테이션 게임』이라는 영화로도 제작되었으니 기회가 된다면 꼭 보기를 권합니다.

그는 '애니악'보다 먼저인 '콜로서스Colossus'라는 컴퓨터를 제작했으나 정부의 문제로 빛을 보지는 못했지요. 앨런 튜링은 비극적으로 생을 마감한 비운의 천재였습니다. 그가 죽은 호텔에는 한 입 먹고 남긴 사과가 있었다고 합니다. 이것은 나중에 애플APPLE사의 로고로 스티브 잡스가 앨런 튜링을 생각하고 만든 것이라는 설이 있습니다.

폰 노이만과 앨런 튜링을 4차 산업혁명의 기초인 컴퓨터 개발자이자 미래 기술의 선구자로 여기면서 칭송하지만 그들의 본업은 수학자입니다. 수학이라는 과목이 기초가 되어 논리 회로, 연산 등 컴퓨터의 기능이 만들어지고 그것에서 확장하면서 다양한 컴퓨터의 기능이 만들어진 것입니다. 학문 대 학문의 연결이라고 할 수 있겠습니다. 하나만 잘해서는 안 된다고요? 하나를 깊이 연구하다 보면 자연스럽게 알게 되는 것들이 대부분입니다.

미래 사회도 기초와 기본에 충실해야 합니다. 어느 날 갑자기 새로운 기술이 등장하는 것이 아니라 우리가 가진 지식과 기술에 기초하면서 서로 융합하고 연결되어 더 나은 기술이 만들어지는 것입니다. 그렇기 때문에 우리는 기본에 충실해야 합니다. 그래야 다음을 생각할 수 있답니다.

04

미래는
준비된 자의 것이다

준비하는 삶이 아름다운 것은
내일이 두렵지 않기 때문이다.

"내일 지구가 멸망하더라도 나는 한 그루의 사과나무를 심겠다." 네
덜란드의 철학자 스피노자의 말입니다. 내일 지구의 종말과 같은 큰일
이 일어날지라도 오늘을 살아가는 나는 현재를 중시하고 최선을 다해
야 한다는 것이겠지요.

"미래를 사랑하는 마음은 현재 최선을 다하는 마음이다." 알베르
트 카뮈Albert Camus의 말처럼 불확실하고 단정할 수 없는 내일을 걱정
하면서 오늘을 허비해서는 안 됩니다. 지금 자신이 처한 상황에 최선
을 다하고 다가올 내일을 준비하는 것이 현명한 사람의 행동이자 오늘
을 살아가는 삶의 지혜입니다.

미래를 준비하는 것은 각자의 몫입니다. 전쟁 중에 평화를 준비하
고 일제 강점기 때 독립을 준비하기 위해 대한민국 임시정부가 만들어

60

지고 한국광복군이 조직되고, 학교가 설립되어 미래를 준비했던 것처럼 말이지요. 이것이 유비무환의 정신입니다. 준비하고 맞이하는 미래는 걱정할 것이 없습니다.

준비하는 것은 드러나지 않는다

"대나무 자라듯 쑥쑥 자란다."는 말이 있습니다. 보통 대나무가 하루에 1m 이상을 자라기도 하고 순이 올라온 후 40여 일이 지나면 높이가 16m에 이를 정도로 성장 속도가 빠르기 때문에 하루가 다르게 성장하는 아이들의 모습을 빗대어 표현한 것이지요.

하지만 특별한 대나무도 있답니다. 중국에서 자라는 모소 대나무는 씨앗을 심은 후 정성들여 키워도 4년 동안 3cm 정도만 자란다고 합니다. 답답해 보일 수도 있겠지만 모소 대나무를 키우는 농부들은 조급해하지 않고 계속해서 정성을 들입니다. 그러다 5년째가 되면 하루에 30cm씩 자라면서 약 6주 정도가 되면 15m 이상의 높이까지 자란다고 합니다.

모소 대나무가 일시에 빠르게 성장할 수 있는 이유는 간단합니다. 4년 동안 눈에 보이는 외형적인 성장은 더디었으나 보이지 않는 땅속으로 깊이 뿌리를 내리고 있었던 것이지요. 수십 미터에 이르는 뿌리를 내리면서 비바람을 이겨내고 바람에도 쓰러지지 않는 힘을 기르는 것입니다. 깊게 뻗은 뿌리를 기반으로 해서 5년째부터는 땅속 깊은 곳의 영양분까지 빨아들이면서 빠른 속도로 성장하는 것이지요. 놀랍지 않나요?

여러분이 미래를 준비하는 지금도 보이지 않는 깊은 곳으로 뿌리를 내리는 시간입니다. 중요하고도 귀한 시간이지요. 즉흥적이고 충동적으로 행동하는 것이 아니라 변화될 미래 사회를 예측하고 현재를 이해하면서 4년 동안 눈에 띄지 않게 뿌리를 내리는 모소 대나무처럼 여러분이 처한 상황과 환경에서 준비를 해야 합니다. 혹 느린 성장으로 남들이 비난하고 조롱할지라도 자신만의 확고한 신념을 갖고 나만의 뿌리를 깊게 뻗어나가야 하는 것이지요.

스스로 내린 뿌리가 바로 나를 지켜주는 버팀목이 되는 것이며, 무엇이든 할 수 있는 힘의 원천이 되는 것입니다. 미래에 대한 두려움과 걱정이 있더라도 깊이 뿌리를 내린 사람은 상황 대처 능력이 생기고 역경을 보란 듯이 이겨내며 성장할 수 있습니다.

준비가 있으면 근심할 것이 없다

有: 있을 유 備: 갖출 비 無: 없을 무 患: 근심 환

미리 대비해 두면 걱정할 것이 없다는 사자성어입니다. 우리가 잘 알고 있는 한자성어이지만 실제로 미리 준비를 하는지, 미리미리 준비해서 근심을 없애고 있는지 물어보면 시원하게 답변하기 어렵지요? 시험이 있는 줄 알면서 평소에는 잘 준비하지 않다가 시험 발표가 나고 시험 범위가 안내되면 그때서야 준비하지 않나요? 그렇다고 고개 숙일 건 없습니다. 준비해야 하는 것은 알지만 실천에 옮기기는 쉽지 않지요. 더군다나 앞으로 어떤 일이 일어날지도 모르는데 무엇을 어떻게 준비를 해야 하는지 누가 방법을 알려주는 것도 아니고, 길이 하나

만 있는 것도 아니지요. 그러니 유비무환이라는 말이 얼마나 난해합니까. 그래서 준비를 할 수도 안 할 수도 없는 상황에서 최선은 지금 하는 일에 충실하고 부족한 것이 무엇인지를 알고 부족한 부분을 채워가는 것이 준비의 기본이라 할 수 있겠습니다.

무엇을 준비해야 하는지 알기 위해서는 많은 연구가 필요합니다. 진로와 진학에 대해서, 남은 삶의 비전을 위해서, 꿈과 이상의 차이에 대해서 늘 고민하고 상담하고 경험하며 체득한 것으로 차근차근 생각을 정리해 가야 합니다. 미래 사회가 무엇을 요구하는지 주장하는 사람들마다 의견이 분분하기 때문에 정답을 찾아 준비하려는 의지가 중요합니다. '나는 잘 준비하고 있을까?' 자문하면서 말이지요.

인공지능이 발달하고, AR, VR의 활용 폭이 증가하고, 로봇이 인간을 대체하고, 사물인터넷이 일상화된다고 해서 당장 인공지능을 공부하고 로봇을 만들며 사물인터넷을 연구해야 하는 것은 아닙니다. 현재 새롭게 등장한 기술에는 어떤 것들이 있는지, 앞으로 어떤 방향으로 기술 개발이 이루어지고 우리의 일상생활에 어떤 영향을 끼칠 것인지에 대한 고민을 하는 것이 더 적절합니다. 세상은 급변하고 있는데 세상과 동떨어져 흐름을 파악하지 못하고 태연하게 있다 보면 위기가 닥치고 헤어 나올 수 없게 됩니다.

물이 반쯤 찬 솥 안에 우연히 개구리가 빠져 신나게 헤엄을 치며 놀고 있습니다. 이때 장작에 불을 붙이면 서서히 물이 따뜻해지다가 끓게 되면서 결국 개구리는 죽게 되지요. 시원한 물속에서의 헤엄만 즐기다 물이 끓는 변화에 대응하지 못하고 죽게 되는 것입니다.

촉각을 곤두세우면 변화는 느낄 수 있습니다. 과거에는 오랜 삶을 살아온 풍부한 경험의 소유자에게 들어서 지식을 배웠으나, 오늘날에는 다양한 매체의 등장으로 내가 마음먹으면 얼마든지 풍부하고 다양한 지식을 습득할 수 있습니다. 준비도 스스로 가능한 것이고요. 준비하는 삶이 아름다운 것은 준비가 되면 내일이 두렵지 않기 때문입니다. 눈을 크게 뜨고 귀를 활짝 여는 것으로 준비를 시작하십시오.

미래 환경을 지키는 것이 먼저다

바다에 떠다니는 플라스틱을 먹이로 착각하고 죽음에 이른 거북이와 새들, 인간이 버린 철사 쓰레기에 몸이 걸려 그 상처의 악화로 오래 살지 못할 것 같다는 엄마 수달과, 북극의 빙하가 녹으면서 사냥이 힘들어지자 새끼마저 잡아먹는 북극곰 이야기가 방송에 나왔습니다.

인간의 편리를 위해 개발이 진행되고 그 과정에서 소홀하게 다루는 환경 문제가 앞으로는 더욱 심각하게 다가올 것입니다. 이미 지구의 절반 정도가 미세먼지 위험지역이 되어 외출이나, 야외 활동조차 마음대로 하지 못하는 상황이 되어 버렸습니다. 앞다투어 우주 시대를 열기 위해 우주선을 쏘아 올리지만 현재 인간이 살아가는 곳은 지구입니다. 미래에도 살아가야 하는 터전은 지구입니다. 지구를 지키는 것은 인류 모두가 살아가는 데 꼭 필요한 의무입니다. 환경이 파괴되어 지구가 회복할 수 없는 지경에 이르면 인간도 살 수 없기 때문이지요.

지구와 인간의 공존이 무너지면 지구와 우주와의 관계도 무너집니다. 우리가 생각하고 기대하는 미래 사회의 모습은 인간과 기계가 분

리된, 환경의 파괴에서 비롯되는 기현상과 괴생명체의 출현 같은 공상
과학 영화에서의 한 장면이 아닙니다. 인간이 가진 육체적·기능적 한
계를 극복하고 환경의 제약에서 벗어나 기계와 인간, 자연 속의 인간
이 상호 보완적으로 작동하는 시스템입니다.

편리와 이익을 위해 포기하고 무시해 버리는 요소들이 보이지 않
게 누적되어 우리의 삶을 흔들어 놓고 있습니다. 환경파괴와 이상기
온 같은 것들이지요. 북미 지역에서의 이상 한파로 수많은 희생자들
이 발생하고, 호주 북동부 지역에서는 2000년에 한 번 있을까 말까
한 폭우로 30만 마리가 넘는 소들이 떼죽음 당하고 강가에 사는 악어들
이 주택가로 출몰하는 등 나약한 인간의 힘으로는 해결할 수 없는 심각
한 문제들이 발생하고 있습니다.

또한 75억 지구인들이 사용하고 버린 쓰레기들이 홍수, 쓰나미 등
으로 태평양으로 몰려들어 섬을 이루어 떠다니며 그 크기가 계속해
서 커지고 있다는데 대한민국 영토의 14배에 해당하는 크기라고 합니
다. 그 쓰레기들의 일부는 가라앉고 일부는 먹이로 오인한 각종 물고
기와 조류 등에게 영향을 주고 있지요. 결국 플라스틱을 먹고 자란 물
고기들을 인간은 다시 2차 포식자가 되어 섭취하게 되는 것으로 우
리의 몸이 그 플라스
틱 쓰레기의 종착역
이 되는 것입니다.

우려되는 것은 이
런 쓰레기들의 양이 이
보다도 훨씬 더 많다

바다에 떠다니는 쓰레기 섬

는 것이며 문제의 심각성을 이해하고 문제 해결을 위해 노력하는 국가들은 일부이며 제한적이라는 것입니다. 아직도 환경 문제의 심각성을 인지하지 못하고 무분별하게 쓰레기를 버리거나 삼림을 파괴하는 국가들이 많습니다. 단순히 환경 문제의 중요성과 심각성을 인지하지 못하는 무지에서 발생하는 것만이 아닙니다. 그들에게는 생존이 우선이기 때문에 화전을 일구고 오폐수를 처리하지 않고 배출시키며 쓰레기를 무단 투기하는 것이지요. 이대로 계속 가다가는 돌이킬 수 없는 상황이 될 것입니다.

환경 문제는 인류의 공통 문제이므로 반드시 해결 방안을 함께 모색해야 합니다. 오존층의 파괴로 지구 온난화가 발생하고 그 결과 북극의 빙하가 녹게 되면서 해수면이 높아지고 해수의 온도가 상승하여 생태계의 큰 변화가 나타나는 것을 우리는 경계하고 대비해야 합니다.

국제적인 환경 단체들이 서로 힘을 합하여 다양한 캠페인과 정화 노력을 하고는 있으나 그 힘이 미약하기 때문에 국가 차원에서의 대대적인 노력이 있어야 합니다. 그 시작은 바로 개인이지요. 각자가 조금 더 환경에 관한 문제의식을 공감하며 스스로 절제하고 주의를 기울이는 것이 시작이요 최선의 방법입니다.

자신의 씨앗을 싹틔울 곳을 찾아라

사람은 누구에게나 각자의 씨앗이 있습니다. 자기 스스로 발아시켜 싹을 틔우고 성장시켜야 하는 씨앗이지요. 씨앗이 발아되는 시점은 모두 다릅니다. 성장하는 속도도 개인차가 있고요. 어떤 이는 재능이 일찍 드러나는가 하면, 어떤 이는 오랜 시간이 지나서야 드러납니다. 대기만성이라고도 표현하지만 실질적으로 그 시간을 인내로 기다리고 버티는 데는 많은 고통이 따릅니다. 하지만 중요한 것은 싹이 트기 시작하는 순간은 누구한테라도 온다는 사실입니다. 설령 내가 가진 씨앗이 무엇인지 모른다고 해도 걱정할 필요는 없습니다. 그 씨앗을 정확하게 알고 태어나는 사람은 없기 때문에 누구라도 공평하게 준비할 수 있습니다. 물론 유전적 요인으로 어느 분야의 남다른 감각을 타고나는 사람도 있지요. 하지만 그들도 무조건 유전자로 소질이 정해지지는 않습니다. 부모님 모두 수학과를 나와 대학교수로 재직하고 있지만 아들은 수학이라면 경기를 일으키고 시 쓰기를 좋아하는 친구를 만난 적이 있습니다. 가만히 앉아서 자신이 가진 씨앗이 어떤 재능이나 역량을 가지고 있을까 생각하지 마세요. 직접 경험해보고 흥미나 소질이 있는지 스스로 느껴보는 것이 중요합니다. 책을 통한 간접경험도 좋고, 방송이나 언론을 통해 소개되는 분야들도 관심 있게 지켜보고 관련 자료를 찾아보거나 알아보는 작업을 통해 자신에게 맞는 일인지, 하고 싶은 의욕이 생기는지, 잘할 수 있는지 등을 판단하면 됩니다.

단, 경계하고 주의해야 할 것은 바로 소중하게 '준비한 씨앗을 어디에 뿌리느냐' 하는 것입니다. 소중한 미래의 씨앗이 있는데 그 씨앗을 심을 옥토 밭이 없다면 아무리 소중한 씨앗일지라도 무용지물이 아닐까요? 옥토 밭은 바로 자기를 신뢰하는 마음입니다.

마음가짐이 어떠한지에 따라 씨앗이 고운 새싹을 틔울 수도 있고 그대로 말라 죽어버릴 수도 있습니다. 아무리 좋은 씨앗도 마음의 여유와 씨앗에 대한 소중한 마음과 고마움이 있어야만 하지요. 자신의 마음을 옥토 밭으로 만들기 위해 '좋은 생각, 긍정의 마인드, 자존감, 자신감' 등으로 채워야 합니다. 자신을 소중하게 생각하며 자신감이 넘치는 사람과 늘 자신을 비하하고 자책하면서 부정적인 생각으로 가득한 사람과는 큰 차이가 있답니다.

자, 이제 여러분은 고민에 빠질 것입니다.

'난, 무엇에 관심 있지?', '내가 가지고 있는 재능은 무얼까?'

자신이 가진 재능이 별 볼 일 없다거나, 탁월하지 않다거나, 자기가 원하는 것과 다르다고 걱정하거나 고민할 필요가 없습니다. 여러분이 키울 수 있는 재능 씨앗은 딱 하나만 주어진 것이 아니고 씨앗이 성장하는 과정에서 어떤 영양분을 주느냐에 따라 성장의 속도도 성장의 모습도 달라지기 때문입니다. 여러 씨앗이 싹을 틔우더라도 강한 씨앗만이 주어진 공간에서 생장하고 열매를 맺는 것이기 때문에 걱정하고 고민하는 시간에 하나라도 더 알아가는 것이 중요합니다. 그것이 여러분 꿈의 열매의 당도를 높이는 일이죠.

모두에게 씨앗이 있다는 사실을 이제 믿으시죠? 그렇다면 이제, 그 씨앗을 잘 가꾸기 위한 옥토 밭을 만드는 데 집중합시다. 자신의 마음 밭이 딱딱한 콘크리트 밭은 아닌지, 오톨도톨 자갈밭은 아닌지, 뾰족뾰족 가시밭은 아닌지 생각해보며 부드럽고 충분한 영양분을 가지고 있는 옥토 밭이 되도록 가꾸어 봅시다. 그러면 내가 가진 씨앗이 발아하여 꿈틀대며 저절로 움직이게 할 것입니다. 아주 신나게!

05

어떤 삶의 자세가
필요한가

삶은 나를 찾아가는 여행이다.
여러 길이 있을 수 있고 다양한 종착점이 있을 수 있다.

나 하늘로 돌아가리라.
아름다운 이 세상 소풍 끝내는 날,
가서, 아름다웠더라고 말하리라
_천상병 〈귀천〉 중에서

우리가 살아가는 모습을 바라보는 관점은 모두 다릅니다. 천상병은 아름다운 이 세상에 잠시 소풍 나왔다는 표현으로 삶을 이야기하며 '아름다웠더라고 말하리라'는 긍정적 시각으로 바라봅니다. 하지만 그는 단 한 번도 소풍 나온 듯 즐거움을 향유하는 삶을 살지 못했습니다. 가난, 옥고, 병마, 정신질환 등 고통을 겪은 분이지요. 그럼에도 불구하고 그는 삶을 소풍에 비유했습니다. 그가 지닌 마음의 순수가 읽히는 시구입니다. 우리 삶은 궁극적으로 자기를 찾아가는 여행입니다. 여러분은 여행자의 입장에서 아름다운 삶을 즐기는 것이 중요합니다. 소풍 온 것처럼 말이지요.

우리가 사는 것이 '소풍' 온 것이라면, 소풍을 온 우리는 어떤 사람들이어야 할까요. 소풍 왔으니 마냥 놀자, 즐기자, 누리자 해도 될까요? 아니면 아름다운 세상을 더 아름답게 만들어야 할까요. 다음 소풍 오는 사람들을 위해 무엇인가를 의미 있게 해주는 것이 좋을까요. 어느 것이 좋다 나쁘다 단정 지어 이야기할 수 있는 것은 아닌 것 같습니다. 선택은 소풍 온 자신이 해야겠지요. 각자가 추구하는 삶의 방식은 다르니까요. 자신의 가치관에 따라 소풍의 뜻을 더하면 되겠지요.

급하게 서두를 것은 없습니다. 지금 우리는 확고한 신념과 이상을 배워나가고 있는 시간이기 때문에 수많은 사람과 만나고 헤어지면서 기쁨과 슬픔이 교차되고 얻음과 잃음을 경험하면 됩니다. 경험이 깨달음이 되고, 깨달음은 자기만의 철학을 갖게 합니다. 자기만의 철학으로 세상을 바꾸는 것이고요. 그것을 알기에 우리는 지금 하나씩 배워가고 있는 단계지요.

24시간을 늘여 쓸 수 있는 방법

신은 공평합니다. 누구에게나 하루 24시간을 부여합니다. 부자라고 해서 하루 48시간이 아니고 가난하다고 덜 주고가 아닌 똑같이 활용하도록 했습니다. 24시간의 속도도 일정합니다. 친구의 24시간은 느리게 가고 '나'의 24시간은 빨리 가는 게 아니지요. 이렇게 똑같은 분배에도 불구하고 시간을 어떻게 활용하느냐에 따라 시간의 성과는 매우 다르게 나타납니다. 무엇을 선택하고 얼마만큼 집중하느냐에 따라 같은 일을 하더라도 격차가 큽니다. 공부를 하더라도 부족한 과목이 무엇인지 파악하고 그 중에서도 구체적인 내용을 정한 뒤 공부 시간을 정하고 학습한 결과를 분석해서 피드백 과정을 거치면 하루를 효율적으로 활용할 수 있습니다.

하루 종일 책상에 앉아 있어도 머릿속에서는 딴 생각만 하고 있다면 그건 공부를 한 것이 아니지요. 잠깐을 앉아 있어도 집중하면 그것이 더 효과적이고 힘이 덜 듭니다. 옆에 친구는 공부를 별로 안 하는 것 같은데 성적이 잘 나오는 것 같고 어떤 친구는 분명히 나랑 같이 수다 떨고 놀았는데 공부를 잘하는 이유는 바로 '집중력'의 차이입니다.

집중을 다르게 표현하면 몰입이라고도 할 수 있지요. 『몰입의 즐거움』의 저자인 헝가리 출신의 미국 심리학자 미하이 칙센트미하이는 어떤 일에 집중해 내가 나임을 잊어버릴 수 있는 심리적 상태를 '몰입'이라고 합니다. 즉, 몰입은 무아지경이나 물아일체物我一體처럼 하고 있는 일에 완전히 몰두했을 때의 의식 상태를 뜻하는 것이지요. 하고 있는 공부나 일 자체가 좋아서 그 활동에 전적으로 빠지는 것으로 이때의 시간은 눈 깜짝할 새에 흘러갑니다. 몰입해서 하는 모든 행동과 움직임, 생각은 마치 재즈를 즉흥 연주하는 것처럼 이전 것에 뒤따라 이어지며 기량을 최고조로 발휘할 수 있게 합니다. 의식이 완전한 상태에서 제대로 활동하면 몇 분 동안에 몇 시간이 흐른 것 같은 효과를 낼 수 있다는 것입니다. 어떤 때에는 몇 초가 영원처럼 느껴지는 시간으로 연장되니 시계는 더 이상 경험의 시간적 특질을 계량하는 계기

計器가 아니라고 합니다. 똑딱똑딱 일정하게 가는 시간의 흐름까지 다르게 느껴지게 하다니. 몰입의 파워가 대단하지요. 그렇다면 우리는 몰입하기 좋은 시간을 찾는 것이 중요합니다. 자신의 생활리듬에 맞춰서 말이지요. 여러분은 하루 24시간 중 어느 시간대에, 어떤 것에 집중할 것인가요?

오늘의 결과는 내일 나온다

우리가 어떤 일을 할 때 정말 하고 싶어서 하는 일은 많지 않습니다. 주어졌기 때문에 어쩔 수 없이 하는 것들이 대부분이죠. 숙제, 단어 외우기, 문제집 풀기, 수행평가 과제 등 생각만 해도 짜증나는 것들은 모두 어쩔 수 없이 해야 하는 것들입니다. 하고 싶은 일만 하고 살면서 즐겁고 기쁘게 생활한다면 얼마나 좋을까요? 그것이 현실적으로 불가능한 상황에서 최선의 선택은 하고 싶은 것보다는 해야 할 것을 먼저 하는 것입니다. 보통 우리에게 주어진 해야 할 것들은 결과가 우리에게 직간접적으로 영향을 미치기 때문입니다. 앞에서 예로 든, 수행평가 과제 같은 경우 내신을 올려 주고 결과적으로 원하는 대학에 합격하게 해줄 수도 있지요. 하기 싫은데 억지로 해야 하는 심적인 고통을 견뎌내야 한다는 어려움이 따르지만 결과적으로 얻는 이익에 견주면 할 만한 일입니다. 우리의 능력을 필요로 하는 일들은 세상에 많습니다. 다만 어떤 일을 하더라도 책임감 있는 모습은 해야 할 것들을 먼저 하는 것이지요.

우리의 삶에는 '기회비용'이라는 것이 있습니다. 우리가 무엇인가를 선택하게 되면 그 선택으로 인해 포기해야 하는 것들의 가치를 말하는데 포기해야 하는 것이 많지만 그 중에서 가장 가치가 큰 것을 기회비용이라고 합니다. 대부분은 선택한 것의 가치가 높게 되지요.

Time and tide waits for no man '시간은 아무도 기다려주지 않는다'는 뜻으로 영화 「시간을 달리는 소녀」에서도 등장합니다. 시간의 소중함을 단적으로 보여주는 의미이지만 미래 사회를 준비하는 우리들에게는 현재의 중요성을 강조하는 것이지요. 지금 나에게 주어진 오늘을 어떻게 살아가느냐가 중요하기 때문에 시간을 소중하게 생각하고 의미 있게 활용해야 합니다.

"내일은 내일의 태양이 뜬다."는 영화의 명대사입니다. 이 말은 내일은 내일의 태양이 떠올라서 새로운 오늘로 나타난다는 단순한 표현이 아닙니다. '내일'이라는 것은 '오늘'이 지나야 오는 것으로 오늘을 어떻게 살았느냐에 따라 '내일'의 모습이 달라질 수 있다는 의미를 함축한 말입니다. 지금 주어진 시간에 최선을 다하지 않는 사람이 내일 새롭게 될 수는 없습니다. 그래서 현재 자신이 하고 있는 일에 노력하며 상황을 분석하고 내일을 그려가는 일련의 프로세스가 완비되어야 합니다. '에라 모르겠다. 어떻게 되겠지', '아, 귀찮아~ 그냥 내일하자.' 같은 안일함과 나태함을 경계해야 합니다. 오늘의 문제를 파악하고 해결해 나갈 때, 하루하루 충실한 삶을 살아갈 때 다가올 미래가 밝아집니다.

미래는 오늘을 사는 사람들이 만들어가는 것입니다. 기다려주지 않는 시간을 자기만의 시간으로 만들어내는 사람이 미래를 아름답게 그릴 수 있습니다.

계획을 세웠다면 체크체크

이 사람은 누구일까요? 100달러짜리 미국 화폐에 등장하는 인물로 많은 발명품과 정치가로서의 큰 업적을 남긴 인물입니다. 인쇄업자로 돈을 벌고 외교에도 능통했던 그는 부유하지 않은 집에서 태어났습니다. 그는 항상 자기반성과 격려를 아끼지 않았고, 매 순간 순간을 기록하고 관리하며 다른 사람들보다 시간을 잘 관리하고 자기 관리에 철저했습니다. 여러 큰일들을 성공적으로 이루어낸 사람입니다.

그가 남긴 유명한 말로 "You may delay, but time will not"(당신은 지체할 수 있지만, 시간은 그러지 않는다.)이 있습니다.

그는 바로 미국 건국의 아버지, 정치가 벤자민 프랭클린입니다. 그의 업적을 여기에 다 기록할 수는 없지만 열악한 환경을 탓하지 않고 여러 어려움과 장애물을 현명하게 극복한 입지전적인 인물입니다. 특히 시간 활용의 중요성을 강조하고 그것을 실천한 사람으로 그는 자서전에 13가지 덕목을 남겼고 매일매일 자신이 지켜가는 모습을 확인하기 위해 별도의 수첩을 만들었다고 합니다. 그의 시간 활용방법을 알아볼까요?

◆ 벤자민 프랭클린의 13가지 덕목

절제: 모든 것에 지나치지 않도록 자신을 관리해야 한다.
침묵: 불필요한 말들을 하는 것은 오히려 삶에 해가 될 수 있다.
질서: 물건이나 일 등이 체계적으로 정리되면 순조롭게 진행된다.

결심: 마음먹은 일을 추진력 있게 이행해 나가는 것이 중요하다.

절약: 필요 이상의 소비를 줄이며 근검절약하는 것이 부의 지름길이다.

근면: 자신에게 주어진 일에 최선을 다하고 항상 부지런하면 어디에서든 인정받는다.

진실: 사람을 상대하거나 일을 할 때 거짓 없이 진심을 보여주는 것이 신뢰를 얻는 것이고 관계를 오래 지속할 수 있다.

정의: 불의한 일에 양보하거나 타협하지 않고 바름을 추구하는 것이 나의 중심이 되어야 한다.

중용: 우유부단하지 않고 매사에 좌우로 치우치지 않으며 극단을 피해야 한다.

청결: 항상 몸과 마음을 깨끗하게 해야 맑은 영혼이 깃들고 사람들과 친해질 수 있다.

침착: 급하게 서두르지 말고 차근차근 준비해야 실패를 줄이고 성공의 확률을 높인다.

순결: 지나치게 성적性的으로 낭비하지 말아야 한다.

겸손: 늘 자신을 낮추고 칭찬을 다른 사람에게 돌리는 자세가 필요하다.

어떻습니까. 대단한 것이 아니죠. 여러분도 이미 알고 있던 내용이거나 지겹도록 잔소리 들었던 덕목들이 한두 가지 정도 있을 것입니다. 그래서 시시하게 느껴질 수도 있지만 이것이 벤자민 프랭클린을 위대하게 만든 13가지 실천 덕목입니다.

그가 역사적 인물이 되고 위대한 업적을 이룰 수 있었던 이유는 이 기본사항을 날짜별로 항목의 순서를 바꿔 그날그날 중점적으로 지켜야 할 것들을 정해 모든 항목을 고르게 실천했기 때문입니다.

여러분도 마찬가지입니다. 시중에 나와 있는 수많은 다이어리 중에서 어떤 것을 사느냐가 중요한 것이 아니라 나의 일상을 얼마만큼 꼼꼼하고 의미 있게 관리해 나가느냐가 중요합니다. 당장 노트 한 권을 정해 계획을 세우고 자신이 지켜야 할 덕목을 선정해 실천할 방향을 정하는 것으로 시작합시다.

알차게 하루를 누려라!

"학교, 학원 공부에 늘 시험이 일상이 되어버린 것 같은 상황에서도 하루하루의 소중함을 느끼고 온전한 자기 시간으로 만드는 것이 필요합니다."라고 제가 말한다면 여러분은 콧방귀를 뀔 것입니다. "지당하신 말씀. 저희도 그러고 싶다고요!" 하며 눈앞에 닥친 시험이나 산적한 숙제, 선행되어야 할 공부 등을 턱 내밀 것입니다. 청소년의 현실을 모르면서 이것저것 가르치려 드는 고지식한 어른이라며 쏘아 붙이겠지요. 그래서 저는 해결책을 제시하려 합니다. 우리가 해야 할 일의 우선순위를 정하자는 것이지요.

◆우선순위 정하는 방법

1순위: 내가 지금, 즉시 해야 할 것
인간은 욕구로 가득 차 있기 때문에 평생을 욕구해결에 바치는 것처럼 보입니다. 하지만 세상은 욕구충족만으로 돌아가는 것은 아니기 때문에 때로는 원하건, 원하지 않건 내가 해야 할 것이 있지요.

여러분이 지금 즉시 해야 할 것은 무엇일까요? 이 부분을 깊이 있게 고민하면 당장의 문제들에 대한 해결의 실마리를 찾고, 미래에 대한 준비가 될 것입니다.

2순위: 내가 지금, 가장 하고 싶은 것

영화도 보고 싶고, 여행도 떠나고 싶고, 쇼핑도 하고 싶고, 친구들과 시원한 곳에 앉아 오래도록 수다도 떨고 싶고…. 이런 것들은 그냥 하면 되는 것입니다. 어려운 것이 아니잖아요?

지금 여러분이 처해 있는 상황 속에서 하고 싶은 것을 하는 것입니다! 현실적으로 어렵다고요? 생각해보면 스스로가 현실이라는 족쇄를 채워놓고 핑곗거리를 '현실'에서 찾는 것은 아닙니까?

"남들 다 공부하는데 나만 어떻게 그럴 수 있어요?"

"봉사활동도 해야 하고, 시험공부도 해야 하고, 학원도 가야 하고…."

이런 것들은 아무런 문제가 되지 않습니다. 평생을 살아가면서 여러분 자신을 위해 지금 정말 하고 싶은 것들이 있다면, 그 잠시를 투자하지 못할까요? 그만큼의 용기와 배짱은 있어야지요. 그 용기와 배짱은 '내가 지금, 즉시 해야 할 것들'을 했을 때 나옵니다. 더불어 마음에 불만이 쌓이지 않는 방법이 되기도 합니다. 스트레스의 원흉을 제거하는 것이지요. 그렇지만 정말 간절히 하고 싶어서 했는데 자신이 생각했을 때 전혀 도움이 안 되는 일이라는 판단이 서면 과감히 '스톱!'을 외치는 것도 잊지 마세요.

3순위: 내가 지금, 하지 않아도 되는 것

살아가면서 정말 많은 것들을 접하게 되는데 그 중 나에게 어떤 것이 소중한 것인지를 깨닫고 취사선택하는 것이 중요합니다. 취할 것은 취하고, 버릴 것은 과감하게 버려야 하는 것이며, 버려야 채워집니다.

꼭 지금 하지 않아도 되는 것들은 과감하게 버리고 미루세요. 그것 때문에 선택과 집중이 흔들리는 것입니다. 너무나 많은 생각과 그로 인한 걱정 속에 이것저것이라도 붙잡고 싶은 간절함으로 내려놓지 못하고, 버리지 못하고 어떻게든 끈을 연결해놓고 싶은 마음이 결국 자신의 시간을 빼앗게 만듭니다.

미래 사회에서
살아남기

내일은 오늘과 다를까요? 거의 비슷할 것입니다. 특히 우리 청소년들의 일상은 특별할 것이 없지요. 집-학교-학원-집, 공부-공부-공부-공부가 반복되는 일상이잖아요. 하지만 잠깐 고개를 돌려 초등학교 시절을 생각해봅시다. 일상은 매우 흡사하지요. 그런데 여러분의 생각은 전폭적으로 달라졌을 것입니다. 불과 5~6년 전인데도 말이에요. 과학기술은 어때요? 5년 전의 제품과 비교해보면 확연한 차이를 느낄 수 있습니다.

어른들이 요즘 제품은 사용법을 도통 알 수가 없다고 말합니다. 그래서 편리한 기능이 많은데도 문자수신과 간단한 SNS, 인터넷과 통화로만 사용하는 분들이 많지요. 기기작동이 어려워서가 아니라 이용방법을 몰라서 또는 너무나 빠르게 변하는 기기에 적응을 못해서입니다. 여러분은 '뭐가 어렵다고!'라며 휴대전화 위에서 빠른 손놀림을 시연해 보이겠지요. 그렇지만 누군가에게는 몹시도 어려운 문제랍니다. 미래를 준비하지 않고 적응력을 키우지 못한 사람에게는 말이지요.

여러분은 예외일 것이라고 생각하지 마세요. 미래를 대비하지 않는 이상 40년 후 여러분 또한 비슷한 모습으로 생활할지 모릅니다. 시간의 흐름을 멈추지 못하는 이상, 우리는 미래를 향해 갑니다. 반복되는 일상이라고 늘 그렇게, 오늘도 변함없이 맞이하고 시간에 떠밀려 미래로 간다면 보이지 않는 수렁에 빠지게 될 것입니다. 기술에 뒤처지고 사회변화에 떠밀리면서 말이지요.

장담할 수는 없지만 미래에서 살아남기가 무인도에서 살아남기보다 어렵지 싶어요. 무인도는 먹을 것만 해결하면 되지만 미래는 우리에게 요구하는 조건들이 많거든요. 마음가짐부터 개인의 역량까지 준비해야 할 것들이 많습니다. 미래를 서서 맞이하지 말고 미래에 먼저 다가서는 도전정신으로 하나하나 개발해 봅시다.

01

미래에 담당할 역할을
오늘 준비하라

역량은 나를 지탱하고 성장시키는
최고의 도구이다!

　미국은 '미래 대비 능력 4C' 교육에 집중하고 있습니다. 4C란, '창의
성, 비판적 사고능력, 소통능력, 협업능력'을 말합니다. 미래 사회의 변
화를 이끌 능력이지요. 이것을 집약하면, 비판적 사고력을 통해 서로
의 생각을 나누고 각자의 역량을 모아 협력의 과정을 거치면서, 인류에
게 도움이 되는 새로운 것을 만들어내는 능력을 의미합니다.
　간단하게 말하면 인공지능이 탑재된 기계나 로봇이 할 수 없는 영역
에서 인간만이 가진 문제해결 능력을 발휘할 수 있는 능력을 개발하자
는 것입니다. 골린 코프와 허시파섹은 여기에 더해 『최고의 교육』 책에
서 미래형 인재가 갖추어야 할 역량으로 '6C'를 이야기하고 있습니다.
협력, 의사소통, 비판적 사고력, 창의적 혁신에 콘텐츠와 자신감을 추
가한 것이지요. 그렇다면 미래 대비 능력을 좀 더 세부적으로 들여다볼

까요?

소통: 서로 대화하며 공감해주고 배려하는 모습입니다. 그런데 우리는 소통의 중요성 내지 필요성을 잘 알고 있습니다. 그런데도 각자의 주장만을 내세우며 서로 반목하는 상황들을 많이 접하게 됩니다. 부모와 자녀와의 대화 단절, 친구 사이에서의 불통으로 인한 오해와 다툼 등이 나타나고 정치권이나 사회적으로 소통하지 못해 갈등과 혼란이 초래되는 사례는 비일비재하게 일어납니다.

불통의 원인은 듣기 훈련이 부족한 탓입니다. 다른 사람의 말을 듣기는 하되 자기 의견에 반영하지 못하는 것이지요. 우리의 아집은 자기 입장만 절대적으로 고수하고 관철시키려는 의지를 가지고 있습니다. 타인의 말을 수용하는 것 자체를 '지는 것'으로 받아들이는 사람도 있습니다.

소통은 대화로 이루어집니다. 최근에 유행하는 하브루타 토론기법은 대화하는 훈련을 통해 서로를 알아가고, 상대방의 생각을 듣고 자기 의견을 말하는 방법으로 미래 사회에서 중요한 요소인 소통 능력을 기르는 방법입니다. 대화를 통해 역지사지하며 타협을 이루어내 진정한 소통을 성립하는 것이지요.

한 번의 기회에 완전한 소통이 이루어지는 경우는 거의 없습니다. 문제가 해결되지 않았다면 몇 번이고 만나서 그 문제에 대해 이야기하고 해결방안을 찾는 것이 중요합니다. 처음 만나면 각자 의견만 앞세우다가 끝나는 일이 다반사거든요. 시간을 두고 다시 만나면 또 다른 방향이 제시되고 해결의 묘수가 생기기도 합니다. 소통에 있어서는 성급

함보다 여유와 배려의 마음이 우선입니다.

협력: 전근대 사회에서는 남들보다 뛰어난 기술이나 실력을 가진 사람들이 주도적으로 세상을 이끌고, 사회적 지배층을 형성했다면 다가오는 시대에는 각자가 가진 역량들을 모아 새로운 힘을 만들어내는 것이 무엇보다 중요합니다. 얼마 전 상영되었던 마블 영화에서 타노스의 반지를 생각해봅시다. 각자 뛰어난 역량을 가진 영웅들이 세상을 재편하려는 타노스에 맞서지만 결국 그 역량들을 하나로 모은 반지의 힘에 밀리는 모습을 볼 수 있었습니다. 분산된 힘을 모으는 것이 한 명의 영웅에 기대는 것보다 낫다는 합리적 추론을 증명하는 설정이지요.

또 다른 예로 축구시합을 생각해볼까요. 축구는 11명이 함께 뛰는 스포츠 경기입니다. 손흥민이나 호날두, 메시 같은 뛰어난 선수들도 혼자서는 이길 수 없습니다. 각자의 역할에 충실하며 서로의 역량을 협력적으로 이끌어내야 골을 만들어낼 수 있습니다. 응원단의 응원도 협력의 일환이라고 보기 때문에 월드컵 경기나 올림픽 때 목이 터져라 응원하는 것 아니겠습니까. 1인 경기도 마찬가지입니다. 감독이나 코치, 그 외 관련자들이 역할을 다 해주어야 그 선수가 경기에서 좋은 성적을 낼 수 있습니다. 분열은 실패를 초래하지만 협력은 성공을 불러옵니다.

창의성: 일반적으로 생각했을 때 세상에 없던 독특하고 새로운 것을 만들어내는 것이라고 할 수 있겠으나 실상은 그렇지 않습니다. 불편한 문제들을 해결하려는 과정에서 새로운 발명품들이 만들어지며 날

마다 만들어지는 다양한 물질과 제도 속에서 불필요한 것들을 제거하는 것이 창의성의 발로이기도 합니다. 그래서 창의성을 키우기 위해 필요한 것이 사고의 틀을 깨는 과정, 고정관념에서 벗어나기입니다. 기존의 틀 안에서는 다람쥐 쳇바퀴 돌 듯한 방향으로 같은 일이 반복되는 결과만 있을 뿐입니다. 자신을 불신하고 실패를 두려워해 안정만을 추구하는 사람은 결코 창의적일 수 없습니다. 창의성은 자신에 대한 확신에서 시작되는 것이고 그 확신은 자신감에서 나옵니다.

자신감: 나를 사랑하는 마음에서 나오며 자신이 가진 에너지와 힘을 배가시키는 것에서 출발합니다. 바로 지지와 격려, 공감이지요. 가족구성원으로부터 또는 친구들로부터의 지지와 격려는 어려움을 이겨내는 힘과 지혜를 줍니다. 누군가에게 지지받고 격려를 받으면 에너지가 상승합니다. 할 수 있다는 긍정적 열정과 해보겠다는 적극적 도전의식이 생기는 것이지요. 누군가 해주기만을 기대하지 말고 자기 스스로 주문을 걸 듯 용기를 주는 한마디를 해보세요. 그 선한 영향력은 배가 되어 자신에게로 돌아오게 됩니다.

진실을 보기 위해 돋보기를 들어라

비판적 사고력은 사회를 바라보는 시선의 정립입니다. 최근 온라인 공간에 난립하고 공유되는 '가짜뉴스'는 사실에 기반하지 않은 추측성, 음해성 정보들입니다. 사회적 갈등을 유발하고 피해자가 발생하기 때문에 이것의 진위 여부를 확인하고 확산되는 것을 막아야 하지요. 하지만 개인은 이것의 진위 여부를 판가름할 수 있는 배경지식이 많지 않기 때문에 그럴 듯한 가짜뉴스에 현혹되기 쉽습니다. 그래서 '카더라' 통신으로 확산되고 있는 것이지요.

우리가 가짜정보를 접했을 때 이를 수용해도 되는 것인지 판단할 수 있는 기준을 가지고 있어야 합니다. 더 나아가 그것에 대한 비판 능력, 가짜뉴스가 나온 사회적 배경이나 원인에 대해서도 분명하게 알고 있어야 하지요. 그것만이 유언비어나 거짓정보들로 인한 결정적인 판단 오류를 범할 수 있는 것을 막는 길입니다. 사실과 논리에 근거한 반론은 가짜뉴스가 양산되는 것을 막고 사회적 물의를 일으키는 일을 방지할 수 있습니다.

어떤 텍스트나 영상물을 볼 때 그에 대해 '토 달기' 훈련을 해야 합니다. 주어진 것을 맹목적으로 수용하는 것이 아니라 질문을 던지고 답을 구하는 과정에서 진실을 알게 되는 것이 중요하지요. "순종이 제사보다 낫다."는 것은 성서에 나오는 내용으로 맹목적 순종은 전능자인 신에게나 해당하는 것입니다. 또한 어릴 때부터 "어른 말 들으면 자다가도 떡이 생긴다."는 속담도 유교 사회의 질서 혹은 어른에 대한 순종을 암묵적으로 강요하지만, 그것은 단연코 정보 습득이 어렵고 정보 또한 많지 않았던 옛날에나 가능했던 일입니다.

감당할 수 없이 새로운 정보가 시시각각 쏟아지고, 다각적 분석, 다양한 해석이 나오는 시대에 한 가지 정보에 대한 맹목적 수용은 있을 수 없습니다. 자신이 받아들인 정보에 대해 여러 상황을 대입해보고 내용에 맞춰 물음표를 던져보는 습관이 바람직합니다.

비판적 사고력은 학교에서의 교육만으로 길러지지는 않습니다. 다양한 사회 현상에 관심을 갖고 있어야 합니다. 관심 분야가 생기면 자료를 찾아보고 이슈에 대한 토론에 참석하거나, 관련 책들을 보면서 지식을 쌓고 분명한 관점을 가지고 있어야 가능하지요. 그래야만 비판이 비난으로 흐르는 것을 막을 수 있습니다.

세상을 보는 시선은 날카로울수록 좋다

세상은 다양한 사람들이 각각의 생각과 서로 다른 가치 판단 기준으로 살아가고 있습니다. 그래서 하나의 신문기사에 다양한 견해가 나오고 의견 대립으로 맞서기도 하지요. 우리 청소년들에게는 자신의 의견을 개진하기에 앞서 삶의 지혜와 세상을 바라보는 가치관 정립이 필요합니다.

아무리 공신력 있는 언론이라도 회사 측의 입장에 따라 편향된 정보를 흘려보낼 수 있습니다. 몇 년 전부터 논란이 되고 있는 원자력발전소에 대한 기사만 보더라도 냉정하고 객관적으로 중립적 자세를 취하는 언론은 거의 없습니다. 정치색에 휘말려, 이권에 휘둘려 회사의 입장을 정하고 논평을 내고 있지요. 심각하고 복잡한 일 같지만, 국민의 한 사람으로, 전기를 이용하는 소비자의 입장에서 또한 지구와 나라의 미래를 생각하는 인간으로서 이 문제를 바라보고 자기만의 관점과 논리를 가져야 합니다.

어떠한 문제든지 마찬가지입니다. 사회 이슈에 대해 눈감고 자기에게 영향이 미치지 않는 일이라고 무관심하지 말고 어떠한 방법으로든 의견을 내놓고 토론하여 협력을 이끌어내야 합니다. 그 과정에서 새로운 발상이 나오고 창의적으로 문제도 해결되는 것입니다.

미래 사회에서는 인공지능이 다 알아서 할 것이니 우리는 편하게 그것을 누리기만 하면 된다는 안이한 생각을 하고 있는 것은 아니지요? 하나의 칩이 개발돼 모든 지식을 담은 그 칩을 뇌에 심고 필요한 정보가 있으면 불러와 사용하면 되기 때문에 공부할 필요 없다고 쾌재를 부르고 있는 것도 아니지요?

그러면 안 됩니다. 그럴수록 우리가 깨어 있어야 하고 더 많은 정보를 가지고 있어야 합니다. 그것이 기계도 인간도 사회도 발전하는 길이기 때문입니다. 아무리 AI시대라 할지라도 정보의 주도권을 '내'가 가지고 있어야 하지 않겠습니까.

02

도전의 깃발을 올리고
출항을 준비하라

도전하지 않으면
실패도 없다!

크리스토퍼 콜럼버스Christopher Colombus는 수많은 실패를 이겨내고 아메리카 대륙 발견에 성공한 인물입니다. 15c 무렵부터 유럽 국가들은 값싼 원료의 생산지와 제품의 판매처, 값싼 노동력의 공급지로 해외에 많은 식민지를 건설했습니다. 인도와 중국으로부터 들여오는 향신료 무역으로 막대한 부를 축적했으며 노예 매매를 통해 많은 돈을 벌었지요. 그런데 당시 항해술이 부족하고 세계 지도의 정확도가 떨어져 아프리카 해안을 따라 인도까지 가는 길이 일반적이었으며 대부분의 배들이 아프리카-인도 항로를 사용했습니다.

어린 시절부터 항해 경험을 가졌던 콜럼버스는 바다에 익숙했고 대서양 서쪽 지역에 대한 지리 정보가 증가하면서 새로운 도전을 꿈꾸게 됩니다. 그러나 쉽게 지원을 받지 못해 미뤄지다가 1492년 카스티야 왕국의 후원을 받아 항해 허용을 인정받는 협약을 체결하고 산타마리아호를 타고 길을 떠납니다. 출발 몇 달 뒤 산살바도르 섬에 도착하는데 성공하지만 이후 계속된 도전은 성공적이지 못했습니다. 그러나 콜럼버스는 도전을 멈추지 않았고 기존의 틀을 벗어나 새로운 도전에 망설이지 않았습니다.

우리도 출항을 준비하는 선원의 입장입니다. 아니 이왕이면 선장이라고 해두지요. 다가오는 미래 항해를 계획하고 준비하는 선장 말입니다. 아무도 가보지 않은 길이고 어떤 일이 일어날지 아무도 모릅니다. 더구나 우리는 지도도 나침반도 없고 있다고 해도 그 또한 상상으로 그려낸 것들이기에 현실에 맞섰을 때 유용하게 쓰일지 무용지물이 될지 모르는 상황입니다. 다만 지금까지의 기술의 흐름과 발전을 바탕으로 자신의 욕망을 대입해 그 방향성을 찾아보는 것이지요. 아무도 가지 않은 길은 먼저 가는 자의 것입니다. 먼저 간 자의 발자국을 따라가는 것은 안정적일 수는 있으나 성취감과 쾌감이 없는 맹목적인 발걸음이 될 수 있습니다. 콜럼버스 이후에 신대륙에 도착한 사람의 이름은 들어보지 못했으니까요.

우리가 가지 않은 길을 개척해 나가는 데 필요한 것은 '판단력, 도전정신, 자신에 대한 확신'과 '기대감'입니다. 남들보다 늦게 출발했지만 성공을 확신하며 과감하게 도전했던 콜럼버스처럼 다가오는 미래 사회의 대항해를 준비합시다. 여러분이 가는 곳이 곧 길입니다. 처음 가는 길이라 두렵고 망설여질 수 있습니다. 그렇지만 용기를 내십시오. 포기하지도 마십시오. 그 길이 새로운 길이고 남들과 다른 길이라면 분명히 여러분의 뒤를 따르는 사람이 있을 것입니다. 그 길을 따라 한 사람 한 사람 함께하면 보다 더 큰 길이 되겠지요. 미래의 역사 속 위대한 인물은 여러분의 몫입니다.

위기는 다른 각도에서 보면 기회다

살아가다 보면 위기가 찾아옵니다. 위기의 순간에 넘어지느냐, 잘 극복하고 한 단계 성장하느냐의 차이는 평소 삶의 자세와 판단력, 판단 이후의 실천 의지에 따라 좌우됩니다. 좌고우면左顧右眄, 우유부단하여 결정적 순간에 단호함을 갖지 못하면 모든 것이 위기가 되고 기회로 바꾸는 것이 쉽지 않습니다. 국가를 이끌어가는 지도자나 회사를 운영하는 경영자뿐만 아니라 삶의 주인인 개개인에게도 필요한 것이 위기를 기회로 만드는 배짱과 능력이지요.

중국의 지도자 덩샤오핑은 마오쩌둥과 함께 중국 공산당을 이끌었던 지도자였지만 문화대혁명 과정에서 축출당하고 저우언라이의 후원으로 정계 복귀 후 총리가 됩니다. 그는 합의와 타협으로 상대방을 설득하여 정책을 이끌고 중국의 경제 정책을 변화시켜 갑니다.

"흑묘론 백묘론(검은 고양이든 흰 고양이든 쥐만 잡으면 된다)"으로 좀처럼 나아지지 않는 중국 경제에 자유주의 경제정책을 도입하고 중국 경제성장의 초석을 다졌습니다. 중국의 확고한 사회주의 체제를 고수하지 않고 목표인 경제성장을 위해 체제를 위협받지 않는 선에서 자본주의를 받아들인 것이라 할 수 있지요. 공장을 유치하고 자본을 유입해 산업을 발전시킨 결과 중국은 놀라운 성장을 거듭했고, 세계 시장의 흐름을 바꿨습니다. 못사는 나라, 빈곤국가의 이미지였던 중국이 어느새 경제대국, 경제강국이 되었습니다. 정책 하나만 바꿨을 뿐인데 말이지요.

베트남도 중국과 비슷한 상황입니다. 프랑스 식민지를 거쳐 이념에 의한 분단, 그리고 미국과의 전쟁, 전쟁에서 승리했지만 호치민의 공산화 이후 어려운 시기를 보내다 1986년 '도이머이'정책으로 위기를 극복하지요. '바꾼다'라는 뜻의 '도이'와 '새롭게 한다'는 뜻의 '머이'의 합성어로 '새롭게 바꾼다'의 의미를 적극 살렸기 때문입니다.

현재 우리나라와 교역량이 급증하고 있으며 전 세계에서 경제 성장률이 가장 높다고 합니다. 사회주의 체제에 시장경제를 도입해 경제성장을 이루게 된 사례로 최근 북한의 김정은 국무위원장도 베트남의 경제 발전을 롤 모델로 삼을 정도입니다.

대한민국 또한 고대부터 수많은 위기를 극복하면서 성장한 나라입니다. 수많은 외침과 일제 강점기를 거치고 한국전쟁으로 분단된 상황에서 나라를 발전시켰으며 경제대국으로 성장해왔습니다. 올림픽과 월드컵의 성공 개최로 성장을 이루었고 IMF 위기를 최단시간에 극복하여 세계를 놀라게 했습니다.

그렇지만 역사적으로 볼 때나 국제적 현상을 볼 때 자국의 이익을 위해서라면 언제든 돌변할 수 있는 주변국들입니다. 우리가 나태해지고 긴장의 끈을 늦추는 순간 저들은 포식자의 면모를 드러낼 것입니다. 송곳니를 드러내며 아주 불시에 덮치겠지요. 그 순간 우리는 위기를 맞게 되는 것입니다. 그렇다면 이러한 위기를 극복하는 법을 알아볼까요.

남을 탓하지 마라

위기가 나타난 것은 결코 남의 탓이 아닙니다. 남이 원인제공을 했더라도 자신에게 그것을 간파할 능력이나 대응할 능력이 없었기 때문에 위기에 빠진 것입니다. 남을 탓해서 해결될 일이라면 위기라고 할 것도 없지요.

지금 상황을 받아들여라

"아니야, 꿈이겠지?", "어떻게, 나한테 이런 일이⋯." 하며 상황을 부정하려 한다면 위기를 극복할 대안을 찾을 수 없습니다. 그것은 제자리에서 발을 동동 구르는 것과 같아서 절대 앞으로 나갈 수 없기 때문이지요. 현재의 상황을 직시하고 순응하며 해결 방안을 찾는 것이 중요합니다.

서두르지 마라

"급할수록 돌아가라."는 말이 있듯이 차근차근 문제를 풀어가야 합니다. 조급해하고 서두르면 다 된 밥에 코 빠트리는 일이 생길 수 있습니다. 침착해야 합니다. 급하게 서두르면 일을 그르칠 확률만 높입니다.

자신을 믿고 신뢰하라

위기에 넘어지는 사람들은 자신을 신뢰하지 못하기에 좌절하는 것입니다. 가장 중요한 것은 할 수 있다는 자신감이지요. 실패를 두려워하지 않고 설령 실패했더라도 그것을 교훈삼아 다시 일어설 수 있는 용기는 자신감에서 나옵니다. 자신을 돌아보며 믿고 끝까지 나아가는 것이 중요합니다.

희망과 용기를 가져라

내일에 대한 희망과 용기를 지녀야 오늘의 위기를 극복하는 힘과 지혜가 생깁니다. 오늘을 살고 있지만 내일을 향해 가고 있으니까요. 내일이 두렵다면 오늘은 죽은 것이기 때문에 희망의 끈을 놓아서는 안 됩니다.

다양한 경험을 공유해라

위기는 누구에게나 있으며 그 위기를 잘 극복한 사람들도 많습니다. 책이나 인터넷 등을 통해 다양한 위기 극복 사례들을 경험하고 공유하면 지혜를 얻을 것입니다. 또한 혼자만 겪는 고통과 시련이 아니라는 것을 알면 위로를 받고 그들의 성공담은 '나도 할 수 있다'는 희망을 심어줍니다.

자기 자신을 탓하지 마라

실패하는 사람들의 대부분은 자신에게 모든 화살을 돌려 스스로 무너집니다. 하지만 결코 내 탓이 아닙니다. 그럴수록 자신을 위로하고 칭찬해야 합니다. 다시 일어서서 걸어야 할 사람이 '자신'이기 때문입니다. 다른 사람이 대신 걸어준다고 해도 당신은 한 발짝도 움직이지 않은 것이며, 업고 걸어준다고 해도 여러분의 몫이 아님을 알아야 합니다.

두려움이 공격해 올 때 용기를 꺼내 들어라

전투력이 막강했던 흉노족은 뛰어난 기마 전술과 강력한 철제 무기로 몽골 고원을 지배하며 중국을 괴롭힙니다. 그러나 중국의 강성한 한족세력에 의해 세력이 약화된 흉노족은 한 무제의 공격을 받고 힘을 잃게 되지요. 거기에 계속된 가뭄과 추위 등 날씨마저 좋지 않아 더 이상 견디지 못하고 서쪽 지역으로 대이동을 시작합니다.

민족의 이동은 대부분 기후변화나 전쟁이 원인인데 흉노족의 이동은 이 두 가지를 다 포함했습니다. 서쪽으로 이동을 하던 흉노족은 계속된 건조 기후로 가축을 사육할 목초지가 부족해지자 도나우강 주변까지 이동해 갑니다. 유럽인들은 갑자기 들이닥친 흉노족을 훈족이라고 부르며 싸우다 영토를 내주게 되지요. 오늘날의 헝가리가 이 지역입니다.

훈족에 밀려 살던 곳을 빼앗긴 고트족이나 반달족은 로마 영역까지 들어가게 되고 당시 내부적으로 문제가 많았던 로마제국은 그들을 막을 힘이 없어 결국 서로마 제국은 멸망하게 됩니다. 이로써 유럽의 새로운 역사가 시작된 것이지요.

헌팅턴이 "아시아 유목민들이 살던 중앙아시아의 목초지가 말라버린 것이 야만인 부족들을 서쪽의 유럽으로 이동시켜 게르만 민족의 대 이동을 가져왔다."라고 말한 것처럼 기후 변화의 위기로 인해 발생한 민족의 대 이동이 인류 역사에 큰 영향을 끼친 것입니다. 누구에게는 위기인 것이 또 다른 누군가에게는 기회가 될 수 있다는 것이지요.

"만일 두려움을 용기로 바꿀 수만 있다면 그 용기는 백 배, 천 배의 무서운 용기로 나타날 것이다."

누적 관객 수 1,700만 명을 넘어 한국영화의 큰 획을 그은 「명량」에 나온 이순신 장군의 대사이지요. 선조 30년 이순신이 이끄는 조선 수군은 칠천량 해전의 대패로 전선이 파괴되어 12척의 배로 겨우 영해를 지켜내고 있었습니다. 이때 쳐들어온 100여 척이 넘는 적의 함대와 싸워 크게 격파하고 임진왜란의 전세를 바꾸게 되지요. 이를 계기로 조선 수군은 제해권을 장악하고 일본군은 본토와의 연결 고리가 차단되어 일본군의 북상이 저지됩니다. 한마디로 전쟁의 판이 뒤집힌 것이죠. 명량해전은 조선의 전투 역사뿐만 아니라 인류 전쟁사에서도 흔치 않은 최고의 전략과 지략의 상징이 되었습니다.

불확실성의 미래를 대비하는 우리의 자세도 이와 같아야 합니다. 두려움에 어찌할 바를 모르고 전전긍긍하기보다 그 두려움을 용기로 바꿀 수 있는 지혜가 필요합니다. 수많은 벤처기업과 스타트업 기업들이 생겨났다 사라지고 하는 현실 속에서 막막하기만 하고 감히 도전하기 힘든 부분들도 있겠지만 그것을 이겨낸 자만이 승리의 축배를 들 수 있는 것이지요.

누구에게나 두려움은 있습니다. 하지만 그 두려움을 용기로 바꾸는 자에게 목표를 이루고 꿈을 실현할 수 있는 영광이 찾아옵니다.

03

언제나 새겨듣고
신중하게 말하라

귀는 둘이요 입은 하나이니,
많이 듣고 적게 말하자.

우리 입에서 부지불식간에 나오는 말 한마디가 때로는 독이 되고, 때로는 약이 됩니다. "말 한마디로 천 냥 빚을 갚는다."는 표현처럼 말을 어떻게 하느냐에 따라 자신의 삶이 달라질 수도 있습니다.

크게 잘못을 저지른 친구를 용서해주었다면 무엇 때문입니까? 자신의 포용력이 커서? 이해력이 많아서? 그 친구가 불쌍해서? 아닐 겁니다. 아마도 그 친구의 진정 어린 사과 때문이겠지요.

부모가 여러분의 부탁을 들어주는 경우를 생각해도 좋습니다. 말을 어떻게 하느냐에 따라 결과는 엄청나게 달라집니다.

"선한 말은 꿀송이 같아서 마음에 달고 뼈에 양약이 되느니라."

"죽고 사는 것이 혀의 권세에 달렸나니 혀를 쓰기 좋아하는 자는 그 열매를 먹으리라."

말의 위력을 나타내는 말들입니다. 한 번 내뱉은 말은 주워 담을 수 없고 공기 중에 흩어져 흔적도 없이 사라지지만, 그 말의 위력은 세상을 움직이기도 합니다. 수많은 정치가들의 입에서 나온 말로 전쟁이 시작되기도 하고 분열과 화합을 이루어내기도 합니다. 철학자의 말들은 희망을 주고 진리를 발견하게 해주기도 하지요.

언어는 자신을 반영하는 거울이자 자신의 인격 수준을 나타냅니다. 사람들은 각자가 자신이 속해 있는 집단에서 주로 공통의 주제로 이야기를 나눕니다. 교사는 교육과 아이들 이야기, 스포츠 선수는 경기 이야기 등등. 각자의 마음속 생각들이 언어로 표현되어 나오게 되고 이야기를 들어보면 그 사람의 성향이나 기질을 파악할 수 있게 됩니다. 따라서 말로 그 사람의 의중이 파악되고 그가 사는 삶의 철학이나 가치관을 알아볼 수 있습니다. 그러니 자신을 드러내는 사소한 말 한마디에도 신중을 기해야 하는 것이지요.

외교 담판으로 얻은 강동 6주

고려 성종 때 문신 관료였던 서희라는 인물이 있습니다. 거란의 1차 침입 때 서희가 나서서 적장 소손녕과의 외교담판으로 전쟁 없이 거란을 몰아내고 강동 6주를 획득했지요. 서희는 적장 소손녕의 말을 신중하게 듣고 상대방이 원하는 것이 무엇인지 정확하게 간파했습니다.

"너희 나라는 신라 땅에서 일어났고, 고구려 땅은 우리 차지가 되었는데 너희가 쳐들어와 이를 차지했다. 또 너희는 우리와 땅을 접하고 있으면서 바다를 건너 송을 섬기고 있다."

송나라와의 관계를 끝내고 거란을 섬기고 거란의 뜻에 따라주라는 뜻이었지요. 고려가 그렇게만 해주면 자신들은 싸움을 걸지 않겠다는 의미를 내포하고 있었습니다.

"우리나라가 고구려를 계승하여, 국호를 고려라 하고 평양을 수도로 삼았다. 또 압록강 내외도 우리의 경내인데 지금 여진이 길을 막고 있어 바다를 건너는 것보다 더 어렵다. 거란에 사신이 오가지 않는 것은 여진 때문이다."

이미 상대의 의중을 헤아린 서희는 당당하게 고려의 입장을 피력했지요. 그리고 거란이 손을 써 주어야 할 부분까지 답으로 건넨 것입니다.

이에 소손녕은 "만약 여진을 축출하고 고려의 고토(옛 영토)를 돌려주면 감히 조빙을 닦지 않겠는가?" 하며 '고려가 화해를 청하니 마땅히 군사를 되돌려야 할 것'이라며 대군을 철수시키고 자신들과 교류를 활성화시킬 수 있는 지역 강동 6주를 돌려주기에 이릅니다.

서희는 거란의 침입에 항의하지 않고 그들을 이해하려는 관점에서 접근했습니다. 침입해온 이유를 들어보고 합리적인 해결책을 제시했던 것이지요. 대화의 기본원칙만 지켰을 뿐인데 나라에 큰 이익을 가져오게 된 것입니다.

논리에 대적할 맞수는 없다

최근 전 세계적으로 큰 붐을 일으키고 있는 것이 '코딩' 교육입니다. 코딩의 핵심은 다양한 교구를 작동시키기 위한 체계적인 명령어를 구성하는 것입니다. 순서에 맞도록 정확하게 명령어를 전개하는 것이 성패를 좌우하지요. 순서가 뒤바뀌면 프로그램은 실행되지 않고, 엉터리 결과물을 내놓게 됩니다.

글쓰기에서도 기-승-전-결의 순서로 내용이 전개되어야 글이 매끄러우며, 내용 전개가 명확하지 않은 글은 독자에게 큰 혼란을 줍니다. 글의 중심이 흔들리고 횡설수설하다가 결론을 도출해내지 못하고 마무리시킨 결과지요. 그래서 글을 쓰기 전에 개요를 짜고 근거를 모으고 적절한 논증방법을 선택해 완성도를 높여야 합니다. 그래야 글의 목적인 설득력을 갖추게 되니까요.

말하기는 어떨까요? 글쓰기 방법을 그대로 말하기에 적용하면 됩니다. 각종 토의, 토론이 전개되려면 상대방의 주장에 대해 논리적이고 구체적인 근거를 제시하면 설득력을 얻고 대화의 주도권을 가질 수 있는 것이지요. 여기서 간단히 설명해 보겠습니다.

이야기하려는 주제가 무엇인지 명확히 알아야 한다.

주제에서 다루고자 하는 것이 무엇인지 정확하게 알고, 왜 이런 문제가 나타나게 되었는지 원인을 알아야 해결책을 제시할 수 있기 때문입니다.

비판적 사고력을 가져야 한다.

문장으로 나타내는 것을 글자 그대로 해석하는 것이 아니라 상대방의 입장과 나의 입장을 교차해서 생각해야 합니다. 그래야 상대방의 생각을 읽고 대화를 이끌어갈 수 있습니다.

주제가 사실에 기반하는 것이냐의 판단이다.

사실이 아닌 것을 가지고 이야기하면서 에너지를 소모하는 것은 무의미하기 때문에 시간 낭비입니다. 상대방과의 대화에서 중요한 것은 내가 하고자 하는 말의 핵심을 명확하고 간결하게 말하는 것입니다. 말이 길어지다 보면 중언부언하게 되고 상대방에게 빈틈을 보이게 되지요.

토론은 상대를 비난하는 것이 아니다.

토론이라는 것은 찬성과 반대의 입장이 명확하게 대립되고 하나의 주장만 제시되어야 가능해집니다. 일반적인 토론의 과정은 토론의 주제를 정하고 → 나의 주장을 정한 후 → 주장에 대한 근거를 마련하며 → 상대방의 주장을 반박할 근거를 마련하고 → 토론하고 → 결과를 정리하는 과정으로 진행됩니다. 이때 주의해야 할 점은 상대방의 의견을 비난하는 발언을 하면 안 되며 발언을 지연시키거나 지나치게 오래 발언하면 안 됩니다. 또한 주장에 대하여 합리적인 근거를 제시하여 타당성을 높이고 자신이 주장한 것과 다른 주장이 선택되더라도 결정된 사항에 따르는 것이 중요합니다.

주제 선정은 주장이 대립될 수 있는 안건으로 문장 형태로 명확하게 나타냅니다. 또한 찬성하는 입장과 반대하는 입장의 의견을 적절하게 교차 발언하고 토론의 결과를 분명히 정해야 합니다. 주장은 하나로 정리해야 하는데 주제가 둘 이상의 주장을 가지고 있다면 혼란스러워 질 수 있습니다.

토론에 임할 때는 심사숙고하며 충분한 증거 자료를 수집해야 합니다. 상대 토론자에게 화를 내면 토론이 끝나게 되므로 침착하고 차분하게 끝까지 토론합니다. 토론을 이끄는 사회자라면 객관적인 입장에서 판단해야 하고 특정 주장에 편견을 가지고 있으면 안 됩니다.

멋진 토론자가 되려면 경청의 자세로 충분한 자료를 확보하여 상대방의 주장에 반박할 수 있도록 하고, 상대방이 펼칠 주장을 예측하고 대비해야 합니다. 부드러운 말투와 표정으로 자신의 감정을 조절하고 상대방의 입장에서 주제에 대해 생각해보고 적절한 성량으로 상대방과 대화하는 것이 중요합니다.

최근에는 이분법적인 대립이 많이 나타나므로 토론하는 능력을 향상시키는 것이 중요하게 대두되고 있습니다. 학교에서든 직장에서든 올바른 토론 문화가 정착되어 합리적인 대안을 찾는 것이 요구됩니다. 토론의 기본자세를 익히고 많은 연습을 통해 실전에서도 자신의 주장을 피력하고 상대방을 설득하는 일에 어려움이 없도록 합시다. 이것이 논리력과 사고력을 향상시키는 방법이기도 합니다.

"말이 많으면 허물을 면키 어려우나, 그 입술을 다스리는 자는 지혜가 있다."
"비판은 칭찬과 감사의 말로 시작해야 한다."
-데일 카네기

말과 관련된 명언들이 많다는 것은 말이 그만큼 중요하기 때문입니다. 어떻게 말하느냐에 따라 파급력도 크고 누가 말하느냐에 따라 영향력도 큽니다. 우리가 일상적으로 하는 말들이 상대방을 죽이기도 하고 살리기도 하지요. 또 상대방을 저격하고 공격했던 말이 나 자신에게 메아리처럼 되돌아오기도 합니다.

잘 들으면 잘 말하게 된다

"입은 재앙이 들어오는 문."이라는 말은 우리가 하는 말로 인해 세상의 좋지 않은 일들이 일어날 수 있다는 이야기입니다. 무섭지요. 말도 함부로 할 수 없다니? 그럼 보지 말고, 듣지 말고, 말하지 말아야 할까요? 아닙니다. 보이는 것을 그대로 믿지 말고, 들은 것을 함부로 말하지 말며, 나쁜 것은 보지도, 듣지도, 말하지도 말라는 의미입니다.

또한 듣는 것도 말하는 것만큼이나 중요합니다. 상대방이 하는 이야기가 달콤하면 듣기 좋지만 싫은 소리를 하면 잘 듣지 않게 됩니다. 누구든지 자신의 의견에 반하는 것을 좋아하는 사람은 없으니까요. 또한 잔소리나 간섭, 지적하는 말 듣기는 거부하게 됩니다. 아무리 몸에 좋은 약이라 할지라도 쓰면 인상이 찌푸려지는 것과 같은 이치지요.

하지만 우리는 조언을 달게 받아야 합니다. 스스로 완벽할 수 없음을 인정하고 감사한 마음으로 타인의 말을 경청한다면 그보다 큰 유익은 없을 것입니다.

'개원의 치'라고 불리던 중국 당나라의 전성기를 이끈 현종은 재상들의 의견을 잘 듣고 백성들을 위한 정치를 함으로써 나라를 부강하게 만들었습니다. 그 중 한유라는 재상은 특히 현종에게 쓴 소리를 많이 하는 재상이었지요. 여러 간신배들이 한유를 제거하라는 상소를 올렸지만 현종은 "비록 내 속은 불편할지라도 백성들은 편할 것이다."는 답변으로 옳은 말을 하는 한유를 지켜줬다고 합니다.

자신의 위치에서 바른 말을 할 수 있는 당당한 자세가 필요합니다. 자신의 역량과 존재의 의미를 부여해주고 세상을 바르게 살 수 있는 길이니까요.

사람의 몸에 귀는 두개이고 입은 한 개인 이유가 있습니다. 말하는 것보다 듣기를 더 열심히 하라는 의미지요. 듣는 것이 중요하다는 신의 뜻입니다. 강연에서 제가 이렇게 말하면 강연장이 떠들썩해집니다. 여기저기서 "에이, 듣는 것이 뭐가 힘들어요?", "그냥 가만히 있으면 되지 않나요?", "귀가 두 개이니 듣는 것은 쉽잖아요?" 하는 웅성거리는 소리가 들려요. 맞습니다. 정말 가만히 있어도 들리는 게 '말'이지요. 그런데 저는 소리를 들으라는 것이 아니라 말을 들으라는 것입니다. 말을 듣는다는 것은 '말의 의미'까지 들어야 한다는 것입니다.

敬聽(경청 : 남의 말을 공경하는 태도로 듣는 것)
傾聽(경청 : 남의 말을 귀 기울여 주의 깊게 듣는 것)

이 말은 "귀 기울여 들으면 사람의 마음을 얻을 수 있다."는 삼성그룹을 창업한 이병철 회장의 경영 철학과 뜻을 같이 합니다. 어떠한 말이든지 흘려 듣지 말고 새겨 들으며, 진중하게 생각하라는 뜻이지요.

이것을 이해하기 쉽게 예를 들어볼까요? 대중가요를 그냥 들었을 때와 가사의 의미를 생각하면서 들었을 때를 생각해봅시다. 스피커를 통해 나오는 노래를 무신경하게 들으면 리듬이나 간간이 알아들을 수 있는 말들만 귀에 들어오지요. 특히 후렴구 같은 부분은요. 그런데 가사의 뜻을 알고 들으면 어때요? 곡 전체의 이미지와 그 리듬의 아름다움, 가사의 전달력, 곡의 흡입력이 완전히 달라집니다. 이제 말을 듣는 것과 말의 의미까지 듣는 것이 확실히 구분이 되나요?

말을 듣는 자세도 중요합니다. 상대방을 공경하는 태도로 귀 기울여 주의 깊게 들어야 합니다. 단, 경청鏡聽(남의 말을 그대로 믿는 것)에도 조심해야 할 것이 있습니다. 친구를 헐뜯거나 비난하고 조롱하는 이야기를 경청해서 그대로 믿는 것은 옳지 않지요.

그렇기 때문에 상대방의 이야기를 잘 듣는 것도 중요하지만, 그 말이 나에게 어떤 영향을 주는지도 고려해 보면서 들어야 합니다. 무엇을 들었느냐에 따라 행동의 반경 내지 동선이 결정되고, 잘못된 판단의 원인이 되며, 선입견이나 편견을 갖게 되는 계기가 되기도 하기 때문입니다.

04

혼자 가면 빨리 가고,
함께 가면 멀리 간다

사회는 둘 이상의 사람이 모인
협력의 공동체이다.

"혼자 가면 빨리 가고, 함께 가면 멀리 간다." 많이 들어보셨지요? 유명한 속담입니다. 한국을 방문하는 외국인들이 가장 먼저 배우는 한국말이 "빨리빨리"라고 합니다. 한국 교민이 많이 모여 사는 외국의 도시에서도 외국인들이 한국어로 "김치", "빨리빨리"를 외친다는 웃지 못할 이야기를 들은 적이 있습니다. 한국전쟁 이후 대한민국 경제가 '한강의 기적'이라 불릴 정도로 빠른 속도로 성장하고 문화 수준이 향상된 것은 긍정적이지만 성급함과 그에 따른 무성의는 한번 생각해봐야 할 문제입니다. '빠름'보다 더 가치 있고 중요한 것들이 있으니까요.

빨리 가려고 마음먹었을 때는 옆 사람을 배려하지 못할 수 있습니다. 어딘가를 가야 하는데 같이 가야 하는 사람이 꾸물거린다거나 늑장을 부린다면 화를 내거나 투덜댑니다. 더 급하면 혼자서 가버리지요. 조금 기다려줄 여유의 시간이 있는데도 마음이 거기에 미치지 못하는 것입니다. 그저 목적한 일을 후다닥 해치워야 한다는 다급함만 앞서는 것이지요.

빨리빨리 문화가 우리에게 가져온 것들을 보면 정서적 궁핍, 과도한 경쟁으로 인한 우울증, 스트레스 등 폐해가 뒤따릅니다. 개인주의가 만연하면서 이타심이 부족하고 개인의 이익 추구만을 강조하는 것입니다. 이럴 때일수록 사회라는 공동체 속에서 생각하고 공익을 앞세우며 함께 행복해지기 위해 노력하는 삶을 사는 자세가 필요합니다. 고조선의 건국이념인 '홍익인간弘益人間'처럼 말이죠. 널리 인간을 이롭게 하며 사회공동체의 구성원으로서 역할을 다하자는 것입니다.

혼자 나는 기러기는 멀리 가지 못한다

기러기는 보통 4.000km를 이동합니다. 하늘을 비행하는 기러기 무리를 보면 선두의 한 마리를 중심으로 '<자' 형태로 날아가는 모습을 볼 수 있습니다. 앞에서 이끄는 리더가 지치면 뒤로 빠져 새로운 리더가 무리를 이끌어가고, 무리를 이끄는 리더가 속도를 잃지 않도록 서로서로 울음소리를 내어 격려하며 그 긴 거리를 날아가는 것이지요. 혹 무리 중에 다치거나 병이 든 기러기가 나오면 잠시 대열을 이탈하여 그 기러기를 지켜주다 다른 무리에 합류하여 여행을 계속 이어간다고 합니다. 생존이 걸린 문제라 당연히 지킬 수밖에 없겠지만 무언의 질서유지 체제는 대단한 것 같습니다. 누구를 위해서가 아니라 모두를 위한 행동인 것입니다.

혼자 잘난 척하고 날아가려는 기러기는 오래 가지 못한다고 합니다. 중도 포기해도 격려해주거나 응원해주는 동료가 없으니 다시 날아갈 힘을 얻을 수 없는 것입니다.

기러기들의 이동방식이 우리가 사는 사회 모습과 다를 바가 없습니다. 한 명의 지도자가 이끄는 것과 모두가 지도자 역할을 담당할 때 어떤 차이점이 있는지 알아볼 필요가 있습니다. 지도자의 존재와 역할에 따라 무리의 운명이 달라지기 때문이지요. 과거 전쟁 시에는 용맹하고 잘 싸우는 전사가 병법과 무예를 익혀 앞에서 이끄는 형태가 대부분이었지요. 결국 전장에서 지도자가 죽거나 부상을 입으면 그 무리에게는 치명적일 수밖에 없었습니다. 후퇴를 외치며 걸음아 나 살려라 줄행랑을 쳤습니다.

"나의 죽음을 적에게 알리지 말라!"는 이순신의 유명한 이야기에서 볼 수 있듯이 지도자에 대한 의존도가 매우 컸기 때문에 어떤 지도자가 이끄느냐에 따라 무리의 명운이 달라졌던 것입니다. 하지만 최근에는 이러한 개념이 바뀌어가고 있지요. 기러기의 예에서도 볼 수 있듯이 리더는 어느 한 마리의 기러기가 아니라 그 그룹 전체가 리더가 되어야 합니다.

함께하려 했던 알렉산드로스, 지배하려 했던 정복 왕조

동서 문화 융합의 상징적 인물로 마케도니아의 알렉산드로스 대왕을 들 수 있습니다. 알렉산드로스는 어린 나이 때부터 용맹스러워 수많은 전투에서 공을 세우고 사람들의 신임을 얻지요. 왕위에 오른 후에도 알렉산드로스는 전장에서 선봉을 달려 상대를 제압하는 것으로 유명했고 수많은 정복지를 차지합니다. 그는 정복지를 자신의 지배 아래 두되 그들의 문화를 존중하고 인정해주었습니다. 또한 좋은 문화는 수용하고 장려하며 정복지에 대한 동화 정책을 펼쳤지요. 이로 인해 정복지에서조차 그는 큰 호응을 얻습니다.

소아시아 정벌을 위해 페르시아 깊숙한 곳까지 들어간 알렉산드로스는 페르시아를 이끄는 다리우스 3세와의 전면전이 불가피했습니다. 이 소스평원을 놓고 페르시아와 치룬 전투에서 보급로가 막히지만 지리적 이점을 효과적으로 살려 대응한 알렉산드로스가 승리하게 됩니다. 이 과정에서 다리우스는 도망을 치고 왕비와 그 가족들은 포로로 잡혔으나 알렉산드로스는 그들을 극진히 대접했다고 합니다. 적에게까지 포용의 리더십을 발휘한 것이지요.

에게 해의 해상권을 장악하기 위해 천혜의 요새인 티로스를 힘겹게 점령한 알렉산드로스는 이집트의 멤피스로 갔습니다. 당시 이집트를 지키고 있던 페르시아인 마자케스는 항복하고 이집트를 알렉산드로스에게 바치지요. 이에 알렉산드로스는 이집트 문화를 따라 신에게 황소를 제물로 바치고 제사를 지내는 등 그들의 문화를 존중하고 수용해주면서 지지를 얻습니다.

거대제국을 일군 알렉산드로스에 의해 만들어진 헬레니즘 세계는 동서 문화를 융합시킨 새로운 문화를 형성합니다. 그리스어는 공용어로 활용되며 폐쇄적이었던 폴리스들이 개방이 되고 보편화됩니다.

알렉산드로스의 식민지 지배 정책은 정복지 인들과의 관계 개선과 회복을 통해 함께 나아가기 위한 효과적인 방법이었지요. 알렉산드로스가 인류 역사에 영웅으로 남을 수 있었던 면에도 일조했다고 볼 수 있습니다.

반면 중국의 정복 왕조들을 살펴봅시다. 정복 왕조라 하면 비트포겔 K.A.Wittfogel의 『History of Chinese Society Liao』의 글에서 등장하는데, 한족을 지배하면서 중국을 차지했던 북방민족들을 말하며 대표적인 정복 왕조로는 거란이 세운 요, 여진의 금, 몽골이 세운 원, 만주족이 세운 청나라를 들 수 있습니다. 이들 정복왕조 지배체제의 특징은 정복자와 피정복자와의 이원적 지배체제입니다.

요나라는 연운 16주를 포함한 중국 전역을 지배했지요. 이때 발전된 중국 문물의 수용도 이루어졌지만 정치·군사적 측면에서의 중요 사항들은 부락제 등 몽골의 특징들을 살려 지배하고자 했습니다. 이를 위해 남면관·북면관제를 실시하였는데, 북쪽 지역은 거란인을 중심으로 유목 생활을 유지하며 부족제로 북면관이 이끌어갔고, 남쪽 지역은 농경 사회의 특징을 유지한 채 한족의 주·현을 남면관이 다스리는 방식으로 북방 민족과 한족을 분리하여 통치했지요. 서로 동화될 수 없는 정책이었습니다.

여진이 세운 금나라는 맹안·모극제를 실시하여 군사 조직과 행정 조직을 결합하여 다스렸습니다. 여진만의 문자를 만들어 사용하면서 독자성을 유지하고자 했습니다.

대제국을 건설했던 몽골은 몽골인 제일주의를 내세워 국가의 중요 자리는 몽골인들이 차지하고 중동 지역의 색목인들을 우대하여 재정을 맡기는 등 한족을 철저하게 고위 관직에서 배제시켰습니다.

원나라는 역참제를 실시하여 동서 문화 교류를 활발히 하고 서양 문물을 도입하는 등 국제적·개방적 모습을 보였지만 한족의 문화는 무시하여 유학을 경시하고 과거제를 폐지하는 등 사대부 계급의 몰락을 초래해 갈등을 유발했습니다. 결국 불만이 쌓인 한족은 세력을 키워 명나라를 세우고 몽골을 북방 초원으로 몰아내지요.

알렉산드로스의 동화 정책이나 정복 왕조의 이원적 통치 체제 모두 정복지에 대한 정책의 차이에 불과하지만 정복당한 이들의 입장에서는 큰 차이를 드러냈습니다. 자신들의 문화를 존중해주는 이에 대한 신뢰도는 그를 따르게 만들고 새로운 문화를 받아들이는 데 우호적이게 됩니다. 이 경우 지도자의 지배력은 강해질 수밖에 없습니다. 헬레니즘이라는 문화의 창출은 지도자의 위대한 리더십으로 발현된 산물이라고 할 수 있습니다.

정복지에 대한 강압적인 통치와 문화를 묵살하는 정책은 반감을 불러오고 반대세력을 키우는 결과를 초래했지요. 결국 통치자의 세력이 약화되면 언제든 몰락의 길을 걷게 되는 폭탄을 안고 있는 꼴이 되고 마는 것입니다.

미래 사회는 국경을 초월하여 전 인류의 보편적 가치가 존중받는 세상이 될 것입니다. 그러려면 서로 하나 되어 함께 하려는 공동체 의식이 필수적으로 요구됩니다. 조화로운 미래 사회의 구축을 위해 존중과 배려가 깔린 세계화가 절실합니다.

선택의 순간에 망설이지 마라

"악을 행해도 배倍가 되어 돌아오고, 선을 베풀어도 배가 되어 돌아온다."

우리는 살아가면서 선택의 문제에 부딪히는 경우는 많습니다. 일상 생활의 대부분은 선택의 문제이지만 앞에서 언급한 것처럼 해야 할 것을 먼저 하고, 하고 싶은 것을 하면 큰 문제가 생기지 않습니다. 개인적인 부분에서는 말이지요.

문제는 인간관계나 거래관계, 사회적 관계에서의 선택입니다. 혼자 살아가는 세상이 아니기 때문에 이런 문제들은 우리를 괴롭히고 힘들게 하는 요인으로 작용합니다. 신중하게 생각하고 내린 결정인데 아주 이기적인 사람이 되어버리기도 하지요. 반면에 모두 좋은 쪽으로 선택한다고 한 것이 개념 없는 사람이 되거나 줏대 없는 사람으로 몰리기도 합니다. 그래서 더욱 어려운 것이 이런 선택인 것 같습니다. 또한 선택의 문제에서 중요한 것은 물질과 기쁨 추구의 선택보다 인품에 관한 선택을 해야 한다는 것입니다.

일반적으로 인간의 성품을 이야기할 때 성선설과 성악설로 양분하지요. 맹자는 인간은 본성이 선하기 때문에 선을 유지하고 지키려고 노력하면서 완전해진다는 '성선설性善說'을 주장했습니다. 인간 삶에서 다양하게 작용하는 여러 외부 요인들 중에 인간에게는 하늘이 내려준 소중한 자유와 순화의 능력이 있다는 것입니다. 그렇기 때문에 자신의 마음을 다하고 깨달음에 이르면 자기의 본성을 알고 결국 하늘의 뜻을 알게 된다는 것이지요.

이와 반대로 인간의 본성은 악하다고 주장하는 순자의 '성악설性惡說'이 있습니다. 인간은 자신의 욕심을 채우기 위한 본성이 강하기 때문에 이를 적절한 사회적 규약이나 강제로 막아야 한다는 것입니다.

성선설과 성악설은 서로 대립되는 듯 보이지만 상호 보완적 관계입니다. 인간을 바라보는 관점의 다양성을 내포하고 있거든요. 선택의 일면에서 보자면 성선설일 경우 인간의 본성 즉, 착한 마음을 유지하기 위해 양심에 반하는 행동을 해서는 안 되는 것이지요. 그 행동이 자신의 인품에서 비롯된 것이기에 올바른 선택을 해야 한다는 것입니다. 반면, 성악설은 악하게 태어났기 때문에 자기 수양의 방면에서 도덕과 법치에 어긋나는 행동을 하면 안 되므로 바른 선택을 해야 한다는 것입니다. 여러분의 생각은 어떤가요?

지극히 작은 것에도 최선을 다하는 것이 선善이다

공자는 선善의 근본을 인仁으로 보면서 인이 확대되어 세상을 바르게 한다고 했습니다. "참을 인 세 개면 살인도 면한다."는 속담도 있듯이 참는다는 것은 선을 행하는 근본입니다. 자신을 위해 참기도 하지만 타인을 배려하고 존중하는 마음을 내포하고 있기 때문입니다. 개인적인 영역에서 참는 것을 본다면 끈기와 집념으로 연결됩니다. 하기 싫은 일, 포기하고 싶은 일을 그 순간의 감정에 치우치지 않고 참으면서 해결해 나간다는 의미로도 쓰이니까요.

인성의 바탕에는 지극한 선의 베풂과 각자의 역할에 최선을 다하며 서로를 이해하고 더 나은 세상으로 나아갈 수 있도록 도모하는 마음이 있지요. 영화 「역린」에서 등장하는 『중용』 23장 기차치곡장基次致曲章에서도 작은 일에 최선을 다해야 한다는 것을 강조하고 있습니다.

"작은 일도 무시하지 않고 최선을 다해야 한다. 작은 일에도 최선을 다하면 정성스럽게 된다. 정성스럽게 되면 겉에 배어 나오고, 겉에 배어 나오면 겉으로 드러나고, 겉으로 드러나면 이내 밝아지고, 밝아지면 남을 감동시키고, 남을 감동시키면 이내 변하게 되고, 변하면 생육된다. 그러니 오직 세상에서 지극히 정성을 다하는 사람만이 나와 세상을 변하게 할 수 있는 것이다."

우리가 서로 지극함으로 최선을 다할 때, 서로에 대한 이해와 공감이 커지고 어려움을 헤아리게 됩니다. 마음을 나눌 수 있다면 신뢰를 쌓아가게 되지요. 이것은 각자 위치와 역할에 최선을 다했을 때 가능합니다. 자기의 편의만을 바라지 않고 다수의 이익이나 타인의 배려를 바탕으로 완성되어야 할 것입니다.

사람은 모두 존중받고 인정받아야 할 권리를 가지고 있습니다. 여기에는 '나'뿐만 아니라 '너'도 포함되고 '우리'도 포함됩니다. 이 개념을 잊지 말아야 합니다. 우리는 모두 동등한 인간입니다.

05

목적과 상황에 맞는
리더십이 필요하다

각기 다른 악기의 조화를 이끌어내는 것처럼
사회의 조화를 이끄는 사람!

리더십의 사전적 의미는 '공동의 목적을 달성하기 위하여 한 사람
이 다른 사람의 지지와 도움을 얻는 사회적 영향의 과정으로, 조직
의 목적을 달성하기 위해 구성원을 일정한 방향으로 이끌어 성과를 창
출하는 능력'입니다. 무척 방대한 설명이지요. 한 번 읽어서는 대체 이
게 무슨 뜻이야 하는 말들의 나열입니다. 그래서 우리가 많이 사용하
는 한자어를 빌려 말하면 '통솔력'입니다. 무리를 이끄는 힘이자 능력
이지요. 오케스트라 지휘자의 역할을 생각하면 아주 적확할 것 같습니
다. 각기 다른 악기의 조화를 이끌어내는 것처럼 사회의 조화를 이끄
는 사람 말입니다.

리더십을 세 가지로 분류한 사람들이 있습니다. 리피트Ronald Lippitt
와 와이트Ralph K, White입니다. 그들은 우리가 통칭하고 있는 리더십

이 사람마다 다르게 이용되고 있다는 사실을 알고 역사적 지도자들과 사회에서 인정받는 사람들의 자료를 모아 리더십의 유형을 분류했습니다. 리더십의 세 가지 유형에는 '권위적 리더십, 민주적 리더십, 자유방임적 리더십'이 있습니다.

권위적 리더십: 가장 고전적인 유형으로 리더가 조직의 의사결정을 하고 구성원들을 따라오게 하는 유형입니다. 삶의 풍부한 경험과 강한 카리스마가 필요했던 전통 사회에서는 이러한 유형의 리더십이 효과적이었지만 현대 사회에서는 부적합하지요. 지식의 평준화로 대중의 지식수준이 올라갔으며 정보의 대중화를 이끈 컴퓨터의 발달이 대중에게 막대한 영향을 끼쳤기 때문입니다. 이제는 누구든지 자신들의 의견을 내놓는 데 주저하지 않고 권리를 찾는 데 적극적이 되었지요.

민주적 리더십: 구성원들을 의사결정 과정에 참여시키는 방법입니다. 권위적 리더십에 비하면 의사 결정 과정이 매우 유연한 것이 특징이지요. 구성원들의 의견이 많을 때 결정과정에서 시간이 많이 걸리고, 소수의 의견이 때로는 무시당하는 일도 발생되지만, 다양한 의견을 듣고 반영하기 때문에 구성원의 만족도가 매우 높습니다.

자유방임적 리더십: 리더는 조직의 의사결정 과정을 이끌지 않고 구성원들에게 위임하는 것을 말합니다. 자칫 리더의 역할에 대해 문제제기가 되고 의견의 대립이나 구성원 간에 분열이 생겼을 때 통합하기 어렵다는 문제점을 안고 있지요.

학교에서도 다양한 리더십 유형을 볼 수 있지요. 모든 것을 혼자 결정하고, 반대 의견에 으르렁 거리며 윽박질러 무시해 버리는 호랑이 스타일이 있거나, 구성원들의 목소리를 다정다감하게 듣는 유형이 있고, 초원에 풀어 놓은 양떼들처럼 자유롭게 학급을 운영하는 등의 리더십 유형이 있습니다. 반 아이들이 불만 없이 따라줄 때는 아무런 문제가 되지 않습니다. 어느 방식이 좋다고 콕 집어 이야기할 수도 없지요. 그 학급의 상황과 반 아이들의 성향에 따라 다르게 적용되기 때문입니다.

단 하나, 어느 리더십을 발휘하든지 중요하게 여겨야 할 것이 있습니다. 바로 '관계'입니다. 서로 간의 원만하고 친밀한 관계의 형성을 통해 서로의 부족한 부분을 채워주는 협력으로 공동의 이익을 창출해야 합니다. 구성원의 관계가 상호작용이 될 때 가능한 일입니다.

좋은 관계맺음에서 가장 훌륭한 리더십이 발휘된다

자, 지금 당신은 친구를 만나고 싶습니다. 어떤 친구에게 먼저 연락하겠습니까? 친구의 조건으로 생각해봅시다. 친한 정도? 이익이 될 만한 사람? 공부를 잘해서 도움이 되는 친구? 항상 뭔가 좀 부족해서 우월감을 갖게 하는 친구? 아무렇게나 대해도 화를 내지 않는 만만한 친구? 이도저도 아니면 아무나? 물론 그날의 기분, 상황에 따라 만나고 싶은 친구가 다를 것입니다. 그리고 친밀감에 따라 차이가 나겠지요. 또한 무엇을 할 것인가에 따라 친구 선택이 달라질 수 있습니다.

우리가 무슨 일을 진행할 때 오롯이 혼자 하는 일이 아니라면 항상 누군가와 함께 해야 합니다. 둘 이상이 어떤 일을 도모할 때는 같이 하는 사람과의 관계에 따라 일의 성패가 좌우되는 경우가 많습니다. 함께 가기 위해서는 협력이 필요합니다. 학교에서 협동과 배려를 가르치고 단합이나 단결을 가르치는 이유입니다. 인간은 사회적 동물이기에 혼자서는 아무것도 할 수 없기 때문이기도 합니다.

함께 할 때는 각자가 가진 재능과 생각의 힘을 합해야 합니다. 리더 한 사람만의 뜻만을 가지고는 절대 성공적으로 해낼 수 없습니다. 그가 가진 역량에는 한계가 있는데 그것을 해결해 줄 수 있는 부분을 팀원 혹은 구성원 중 누군가가 가지고 있습니다. 상대방의 장점이 내 단점이 될 수 있고, 내 장점이 상대방의 단점이 될 수 있는 것이지요. 리더가 아무리 권위가 있고 지도력이 있다 해도 완벽할 수 없음을 인정하고 다함께 나아가야 할 방안을 이끌어내야 합니다.

미래 사회에서 필요한 것은 각자의 재능을 발휘하여 문제를 해결하는 능력입니다. 각자가 가진 재능을 잘 모으면 최대의 효과가 나타납니다. 재능을 잘 모으기 위해 협력해야 하는 것이고, 서로 간의 관계에 바탕을 둔 관계 기반 협력적 리더십(리더와 구성원 간의 상호 신뢰를 바탕으로 친밀한 관계 속에서 각자의 재능을 살려 상호 보완의 활동을 통해 모두가 리더가 되는 형태의 리더십)이 강조되는 것도 이 때문입니다.

개인의 이익과 욕심만 내세우면 상생할 수 없고 조직은 곧 무너집니다. 구성원과의 관계가 기본 바탕이 되지 않으면 협력도 이끌어낼 수 없습니다. 혹시 일을 잘 못한다고 하더라도 격려해주고 응원해주는 자세가 필요합니다. 개인적으로 일할 때보다 더욱 효율적인 성과를 낼 수 있는 비결이지요.

세상에서 가장 어려운 일은 사람이 사람의 마음을 얻는 일

사회(社會, society)는 정치·문화·제도적으로 독자성을 지닌 공통의 관심과 신념, 이해에 기반한 둘 이상의 개인적 집합, 결사체입니다. society는 프랑스어의 société를 도입한 것이고, 이는 다시 라틴어 societas에서 온 말입니다. 라틴어 societas는 동료, 동업자 등의 관계를 포함한 친근한 사람들을 일컫는 말이지요. 사회는 다양한 개성과 성격을 지닌 개인들이 모여 이루어졌습니다. 포괄적으로는 같은 세대, 같은 지구환경에서 살아가야 하는 동료인 것이지요. 그렇기 때문에 사회 구성원으로 지내기 위해서는 개인의 주장도 중요하지만 타인에 공감하는 것도 중요합니다.

"三人行必有我師焉 (삼인행필유아사언)" '세 사람이 함께 길을 가면 거기에는 반드시 나의 스승이 있다. 그 가운데 나보다 나은 사람의 좋은 점을 골라 그것을 따르고, 나보다 못한 사람의 좋지 않은 점을 골라 그것을 바로잡는다.'는 뜻의 한자어입니다. 현명한 사람을 보면 그와 나란히 될 것을 생각하고 현명하지 못한 사람을 보면 속으로 자신을 돌아봐야 한다는 속뜻을 가지고 있지요.

우리 주변을 한 번 둘러봅시다. 어떤 친구는 나에게 많은 도움을 주고 내가 배울 것도 많은 친구가 있고, 어떤 친구는 뭔가 부족하고 내가 도와줘야 할 것만 같은 친구가 있으며, 어떤 친구는 나와는 전혀 상관없는 친하지 않은 관계일 수 있습니다. 하지만 중요한 것은 그 친구들 모두 항상 내 곁에 있다는 사실이지요. 그들과 부대끼며 오늘을 살아가는 중입니다. 그들이 없다면 당신의 존재 가치가 줄어들거나 소멸

될 것입니다. 원만한 사회적 관계가 형성돼 유지되고 있다면 즐거움이 상승하지요. 그런데 사람들과의 관계 형성이 그리 쉬운 일만은 아닙니다.

"세상에서 가장 어려운 것이 뭔지 아니?"

"음… 글쎄요, 돈 버는 일? 밥 먹는 일?"

"세상에서 가장 어려운 일은 사람의 마음을 얻는 일이란다."

생텍쥐페리의 『어린왕자』에 나오는 말입니다. 여러분 주위에 친구가 많고 그들과 신뢰하는 사이라면 당신은 이미 큰 부자이며 훌륭한 사람입니다. 조선 최대 부자이기도 했던 의주 거상 임상옥은, "이문을 남기는 것은 작은 장사요, 사람을 남기는 것은 큰 장사이다."라고 했으니까요. 그런데 아무리 좋은 사이였다가도 의견충돌이 생기고, 견해 차이 때문에 다툼이 일어나는 경우가 종종 있지요. 오해로 인해 갈등이 생기고 결국 친구관계가 단절됩니다. 어떻게든 풀고 싶지만 친구가 받아주지 않는 경우도 있고, 반대로 내가 받아주기 싫은 경우도 있을 것입니다. 절대 용서할 수 없는 일로 단정 지어서 말이지요. 그런데 여러분, 시간이 지나면 그 사건이 너무 시시해진답니다. 그 하찮은 일 때문에 좋은 친구를 잃어서는 안 되는 것이지요.

관계 맺음에 있어서 주의해야 할 점이 있다면 책임 회피와 무관심입니다. '나만 아니면 된다?'는 생각은 절대 금물입니다. 나와 관계되든, 그렇지 않든 내 주변에서 일어나는 일들에 관심을 갖고 내 일처럼 생각해주고 함께 공감해주는 마음이 중요합니다. 굳이 나를 믿어달라고 하지 않아도 상대에게 신뢰를 얻는 노하우입니다.

관계 형성을 위한 열 가지 방법

나를 알려라: 나의 존재감을 과장하거나 축소하지 말고 사실적으로 알리는 것이 중요하다. 그러면 상대방도 진실한 마음으로 다가온다.

사람과의 관계 형성을 위해서 상대방을 알기 전에 나를 먼저 알리는 것이 중요합니다. 나를 알린다는 것이 나를 포장하거나 가식적으로 상대를 대하거나, 월등한 면만을 보이라는 것이 아닙니다. 내면의 자기모습을 진솔하게 보여주라는 것입니다. 나를 알리지 않으면 상대방도 마음의 문을 쉽게 열지 않을 것이지요. 내가 상대방에게 먼저 다가가는 것이 관계 형성의 첫 관문이요 지름길입니다. 부끄러워하지 말고 자신을 알리세요. 멋지고 진솔하게 자기소개를 해봅시다. 그러면 두 사람의 거리가 한 발짝 가까워질 것입니다.

상대방을 존중하라: 나의 소중함도 중요하지만 관계 형성에 있어서는 상대방을 존중하는 마음이 우선이다.

동학의 사상이 '인내천人乃天' 즉, '사람이 곧 하늘이다'라는 뜻입니다. 서양의 '천부인권', '사람과 사람 사이에 위아래가 없고, 차별이 있어서는 안 된다'는 의미와 같습니다. 인류 역사를 살펴보면 강자의 역사, 피부색에 대한 차별, 자본의 보유 정도에 따른 차별, 학력 수준에 따른 차별 등 수없이 많은 차별이 존재했고 그로 인해 불평등한 사회였지요. 하지만 이제는 바뀌어야 합니다. 내가 높임을 받으려면 상대방을 먼저 높여 주어야 하는 것이지요. "벼는 익을수록 고개를 숙인다."라는 말처럼, 높임을 받을수록 겸손해지고 상대방을 존중해주어야 하는 것입니다.

꾸미지 마라: 사람과의 관계에서는 허울 좋은 포장이나 꾸밈이 중요하지 않다. 그냥 그대로가 좋다.

새로운 사람을 만날 때 고민하는 것이 '상대의 눈에 비친 내 모습이 어떨까?'입니다. 아름다운 모습을 보여주는 것도 의미 있지만, 눈에 보이는 외모에만 치중하여 내면의 아름다움을 놓치는 실수를 하지 말아야 합니다. 그러기 위해서는 내가 상대방을 볼 때 먼저 실천해야 합니다.

편견에 사로잡혀 겉모습에만 관심을 두거나 선입견을 가지고 사람을 대한다면 좋은 관계가 형성될 수 없습니다. 과일의 황제라는 두리안은 모양은 도깨비 방망이 같고 지독한 냄새가 나서 처음에는 멀리 하지만, 먹어보면 그 맛에 반해 마니아가 됩니다. 심지어 태국에서는 "두리안을 사주는 남자와 결혼하라."는 말까지 있다고 합니다. 겉모습을 꾸미는 데에만 집중하지 말고 내면의 아름다움을 가꾸세요.

나누어라: 내가 가진 것을 나누고 상대방이 가진 것을 얻어라. 단, 손해라고 생각하지 마라!

상대방을 쉽게 사귀는 방법 중에 하나가 바로 많이 나누는 것입니다. 나눈다는 것이 매일 먹을 것을 사주면서 친해지려는 것이 아닌 상대방이 필요로 하는 것을 파악하고, 그것을 제공해주는 것입니다. '아낌없이 주는 나무'는 다 내어주지요. 나무는 아이가 행복해하는 것을 보고 보람을 얻고요.

줄 때는 아까워하면 안 됩니다. 받으면 또 받은 만큼 나누려는 마음을 가져야 관계를 더 오래 지속시킬 수 있습니다. 우리가 살고 있는 이 지구별도 여러분에게 아낌없이 주고 있잖아요. 지구별과 오래 함께 하려면 지켜주고 아껴줘야 하는 것처럼 상대방과의 관계도 그렇게 만들어 가보면 어떨까요?

손익을 따지지 마라: 사람과의 관계에서는 손해나 이익을 따지지 않는다. 그 순간 관계는 멀어진다.

사람과의 관계는 마음과 마음, 정신과 정신의 관계입니다. 금전적으로 따질 수 없는 것이지요. 앞에서도 언급한 거상 임상옥의 "장사는 물건을 파는 것이 아니라, 사람의 마음을 사는 것이다."라는 말처럼 당장의 이익만을 좇다 보면 큰 것을 잃을 수 있습니다. 사람과 사람 사이에 손해와 이익을 따질 수 없고, 사람의 마음을 돈으로 살 수도 없습니다. 손익을 따지기 시작하면 사람과의 좋은 관계는 포기해야 합니다. 상대방도 그렇게 할 테니까요.

'나 = 너'를 생각하라: 갑과 을의 관계가 아니다. 나와 너는 동등한 입장이다.

우리가 자신을 사랑하고 아끼는 것처럼 상대방을 대해야 합니다. 간혹 우리는 상대방을 얕잡아 보거나 무시하려는 경향이 있지요. 상대방을 대할 때 그의 지위나 권력, 말투, 외모 등으로 사람을 판단하는 것이 아니라 나와 동등한 인격체로 봐야 합니다. 내가 보고, 생각하는 대로 상대방도 나를 보고, 판단하지 않을까요? 내가 색안경을 끼고 보면 상대방도 색안경을 끼고 보는 것입니다. 어느 한쪽이 우월하다는 것이 아니라 서로가 대등한 위치에서, 위아래로 구분되지 않는, 잘나고 못나고가 아닌 맞대응 관계가 되어야 합니다.

'미인대칭'하라: 미소 짓고 인사하고 대화하고 칭찬하라!

"웃는 얼굴에 침 못 뱉는다."라는 말이 있습니다. 상대방이 선하게 웃고 있으면 싫은 소리를 쉽게 할 수 없습니다. 면접에 있어서도 얼굴에 미소를 머금고 있는 지원자에게 더 호감이 가지 않을까요? 많이 웃는 사람은 얼굴에 자연스럽게 미소가 간직되어 있습니다.

인사는 나를 알리는 가성비 최고의 방법으로 큰소리로 인사하는 사람은 상대방의 기억에 오래 남습니다. 어떤 연예인은 평소 악수하며 인사하는 것이 몸에 배었다고 하는데, 연예계에서 최고의 인맥을 자랑하는 비결이라고 합니다. 대화는 나를 알리고 상대방을 알 수 있는 좋은 방법으로 많은 대화 속에서 서로의 이해도가 높아지고 관계가 가까워집니다. "칭찬은 고래도 춤추게 한다." 상대방을 칭찬해보세요. 기분 좋게 웃으며 대화나 부탁을 들어 줄 것입니다.

상대방의 얼굴과 이름을 기억하라: 한 번 스친 인연이라도 다시 만날 때 이름을 불러주면 감동이 두 배가 된다.

'아~ 어디서 봤는데? 저 친구 이름이 뭐였지?' 이름이 잘 기억나지 않는 친구가 있다면 문제이며 그 친구와의 관계가 형성되지 않았다는 의미입니다. 일상에서도 상대방의 이름과 얼굴을 기억해주는 것은 매우 의미 있는 행동이지요. 내가 상대방의 이름과 얼굴을 모르는데 상대방이 나를 기억하고 알아봐주기를 바라는 것은 욕심입니다. 나는 기억 못하는데 상대방이 나의 이름을 불러주고 반겨준다면 분명 기분 좋은 일입니다. 그건 상대방도 마찬가지랍니다. 당장 주변을 둘러보면서 생각나는 사람의 이름과 얼굴을 떠올려보세요.

과거를 묻지 마라: 상대방이 무엇을 했고, 어느 학교를 다녔고, 어느 지역 출신인지는 중요하지 않다. 지금 나와의 관계와 앞으로가 중요하다.

우리 사회에서 없어져야 할 것 중에 학연, 지연, 혈연 등이 있습니다. 한국 사람들은 사람을 만나더라도 유독 출신 지역과 학교 등을 따지는 경향이 매우 강하지요. 끈끈한 동료애와 선후배 간의 정을 이야기하는 측면에서는 긍정적일 수 있으나 사회 전반적으로 미치는 영향은 매우 부정적입니다. 사람과의 관계에서는 그 사람의 과거보다는 현재 나와의 관계와 앞으로의 미래가 중요합니다. '선배니까 잘 해주겠지, 같은 고향출신이니까 배신을 하지 않겠지.' 이런 생각처럼 어리석은 것은 없습니다. 사람과 사람이 어떤 이해관계를 가지고 만나서는 안 됩니다. 미래지향적인 사고를 가지고 사람을 만나고 상대해야 서로 좋은 결과를 얻을 수 있습니다.

'감사'를 아끼지 마라: 상대방에게 끊임없이 감사하다는 말을 전해라. 감사하다는 말을 듣고 얼굴을 붉히거나 욕을 하는 사람은 없다.

우리는 지나치게 큰 것에만 감사하는 경향이 있는데 감사는 아주 작고 사소한 것에서부터 시작하는 것입니다. 친구에게 필기구를 하나 빌리면서도 "고마워!" 하고 이야기하면 친구의 표정은 밝아집니다. 지금 이렇게 책을 읽을 수 있음을 감사하고, 사람과의 관계를 고민하고 있음을 감사하세요. 어떤 특별한 상황이나 사건에서만 감사가 등장하는 것이 아니라 상대방과 좋은 관계 만들기를 원한다면 그가 가지고 있는 것, 또는 상대에게 줄 수 있는 모든 것에 감사하세요. 그가 가지고 있는 것은 나에게 도움이 될 수 있기 때문에 감사하고, 가지고 있지 않은 것은 내가 채워줄 수 있으니 감사한 것이지요. 가진 것을 나눠주고, 부족한 것을 채워주는 가운데 서로의 관계는 더욱 좋아지는 것입니다.

part
3

기다리는 미래가 아닌
만들어가는 미래

우리가 어떤 일을 하지 않아도 시간은 갑니다. 오늘이 어제가 되고, 내일이 오늘이 되는 것처럼 시간 흐름의 자연 법칙에 의해 원하든 원하지 않든 미래가 현실로 오는 것입니다. 인간의 힘으로는 붙잡을 수 없고, 거스를 수 없다고 무턱대고 앉아서 기다리지 마세요. 당연함과 안일함으로 미래를 받아들일 경우 변화되는 미래 사회 환경에 적응하지 못하고 소외될 수 있습니다.

지금 처한 환경에 만족하는 삶의 여유가 심신의 안정을 가져올 수 있습니다. 그렇지만 보다 나은 내일을 위해 스스로 계발하고 준비하는 자세 또한 필요합니다. 준비한 자와 그렇지 못한 자의 차이, 기다리는 자와 만들어가는 자의 차이는 너무나 크기 때문입니다.

"나무 베는 데 한 시간이 주어진다면, 도끼를 가는데 45분을 쓰겠다."
–에이브러햄 링컨

01

대처능력이 있으면
위기가 사라진다

가장 편안할 때가,
가장 위험할 때이다.

고구려, 백제, 신라가 각축전을 벌이던 4~7세기를 삼국시대라고 부릅니다. 삼국시대를 설명하다 보면 당시 삼국 이외에 낙동강을 중심으로 풍부한 철과 풍성한 먹거리를 기반으로 한반도 남부를 호령하던 가야도 존재했는데 왜 사국시대라고 불리지 않느냐는 질문을 많이 받습니다. 거기에는 분명한 이유가 있지요.

고대 국가의 발전 단계는 족장을 중심으로 한 소국에서 출발했습니다. 족장이 관리가 되고, 부족 간에 대표를 공동 선출해 교대로 왕을 세웠지요. 서로 연합하던 연맹 왕국 단계를 거쳐 관리는 중앙 귀족화하고 왕은 권력을 강화하여 왕과 관리와의 수직적 관계를 형성하여 권력을 왕에게 집중시켰습니다. 율령반포, 불교수용, 관등제 정비, 관리의 공복 제정 등 서열화된 지배 체제를 만들어가며 고대 국가로 발전해

갔습니다. 이때부터 비로소 '나라', 즉 '國'으로 표현합니다. 고구려, 백제, 신라는 이런 과정을 거쳐 고대 국가의 틀을 잡아간 반면, 가야는 그렇지 못했습니다.

당시 가야는 옛 삼한의 변한에 해당되는 지역이었습니다. 철광석 산지를 바탕으로 철제 농기구와 무기류, 덩이쇠 등을 주변국에 수출하여 부를 축적하였지요. 또한 낙랑과 왜의 중계무역으로 번성했습니다. 낙동강 유역의 비옥한 토지와 온화한 기후 덕분에 농업에도 유리하여 풍요로운 생활을 영위했습니다. 그런데 고구려, 백제, 신라에 비해 평화롭고 안정적인 생활 기반으로 각 부족들의 힘의 균형이 이루어졌기 때문에 연맹을 통합하기가 어려웠습니다. 그러면서 백제의 압박과 신라, 고구려의 연합으로 감시와 견제를 받으며 성장이 주춤합니다.

이 과정에서 가야는 외부 세력의 지원을 받는 것이 거의 불가능한 고립무원의 상황이 되었지요. 이에 더해 6세기 들어서는 왜도 철기 제작 기술과 토기 제작 기술 등을 개발하고 발전시켜 더 이상 가야로부터 전해 받을 것이 줄어들자 관계는 소원해집니다.

여러 소국들의 독자성이 강하다 보니 강력한 특정 세력을 중심으로 중앙 집권 체제를 마련하는 것이 주변국보다 늦어진 것입니다. 그로 인해 대외적 환경 변화에 적극적으로 대처하지 못하고, 금관가야와 대가야를 중심으로 연합하려던 움직임도 실패합니다. 결국 신라에 정복당하고 말지요. 결과적으로 가야는 고대 국가로서의 발전이 이루어지지 못한 채 역사의 뒤안길로 사라진 것입니다.

누구도 노력하는 자를 따라잡을 수 없다

유럽은 쌍무적 계약으로 성립된 주종관계의 봉건사회가 무너지면서 관료제와 상비군으로 무장한 절대 왕정시대가 열립니다. 절대 왕정은 강력한 왕권이 특징입니다. 그러나 중상주의 정책을 통해 상업 자본을 축적한 신흥 계층인 젠트리Gentry가 도시의 시민으로 성장하면서 유럽은 근대 사회로의 변화를 꾀하게 됩니다. 계속해서 성장한 시민 계층은 혁명을 통해 절대 왕정을 타파하려 했으며 그 결과 프랑스 대혁명, 미국의 시민 혁명, 영국의 청교도 혁명과 명예혁명 등이 일어납니다. 특히 영국을 주목해보면 엘리자베스 1세의 시기는 절대 왕정의 전성기로 국교회로 국민적 통합을 꾀하고 젠트리를 관료로 등용합니다.

중상주의 정책으로 세운 '동인도 회사'는 세계 식민지 건설에 앞장서며 수많은 식민지를 확보하는 데 앞장섭니다. 식민지를 통한 원료 수입과 제품 수출의 유리함을 활용한 영국은 세계 최강의 국가가 되고 '해가 지지 않는 나라'로 불리던 엘리자베스 1세 시대의 영광을 유지해 갑니다.

반면, 미국은 영국에서 종교의 자유를 찾아 이주해 온 청교도들에 의해 만들어졌습니다. 북부 아메리카에서 영국과 프랑스가 대립하는 가운데 캐나다는 프랑스의 지배하에 들어갑니다. 뒤늦게 아메리카로 진출한 스페인과 포르투갈은 남아메리카를 차지합니다. 이렇게 식민지로 출발한 미국이 어떻게 현재는 세계 최강국이 되었을까요. 언제부터 미국이라는 이름이 국제 사회에서 두각을 나타냈을까요? 미국의 힘은 도대체 무엇일까요?

초기 미국은 동부 해안가를 중심으로 발전하기 시작했습니다. 서부 황금 개발의 골드러시를 바탕으로 서부 개척시대가 열리고 오대호를 중심으로 산업화가 진행되어 오늘날까지 이어지고 있지요.

미국의 역사를 이야기할 때 200여 년 정도의 짧은 역사라고 하지만 그 성장 속도는 매우 빨랐고 국제무대에서의 영향력은 실로 막강했습니다.

2차 세계 대전 당시 연합국 대표들이 모여 전후 세계 문제를 논의하면서 결정된 것이 달러를 세계 각국의 '기축통화(각자 자국의 화폐를 사용하는 세계 여러 나라들이 거래하는 세계시장에서 중심이 되는 통화를 말한다. 국제 상품과 금융거래에서 중심적인 역할을 한다.)'로 하자는 것이었는데, 이것을 '브레튼우즈 체제'라고 부릅니다. 또한 국제 통화 기금인 IMF를 창설하고 세계은행을 설립한다는 내용들이 합의되었습니다. 미국의 화폐인 달러가 세계 경제의 결제 수단이 되면서 다시 한 번 미국의 영향력을 확인할 수 있었습니다.

또한 포드자동차의 컨베이어 벨트는 효율적인 대량 생산 시스템을 구체화하여 자동차를 대중화하고 대량 생산을 통한 제품 가격의 인하로 규모의 경제를 가능하게 했습니다. 넓은 땅과 풍부한 자원, 우수한 인력과 자본, 거기에 기술력까지 더해져 미국의 산업은 발전을 거듭했고, 세계를 시장 삼아 생산된 물품들을 판매했지요. 이런 흐름은 사회 전반으로 확대되어 청바지와 로큰롤로 대표되는 미국 문화 형성에 영향을 줍니다.

번성가도를 달리던 미국은 1957년 소련(소비에트연방공화국)이 세계 최초의 인공위성인 스푸트니크호 발사에 성공하면서 충격에 빠졌습니다. 이제껏 소련보다 과학기술적으로 월등히 앞섰다고 호언장담하던 미국이었으니 그 쇼크는 이루 말할 수 없었지요. 대륙 간 탄도미사일 등 무기 개발에 뒤처져 있다는 생각과 로켓 연구도 불안하다는 위기감 등이 나타났습니다. 이에 과학기술 투자에 적극지원하고 국방력을 강화하는 데 막대한 예산을 투입했습니다. 기초부터 꼼꼼하게 점검하고 나라의 기틀을 바로 세우는 데 노력을 다한 것이지요. 그 결과 미국은 지금 어느 나라도 범접할 수 없는 강한 나라가 되었습니다.

미국은 짧은 역사를 가졌지만 늘 연구하고 개발하여 세계 최강국으로 발전한 것입니다. 자유를 허용하면서 위기 시 하나 됨을 강조하는 미국의 특징이 50개 주state의 연합을 유지하는 힘입니다. 영화 「라이언 일병 구하기」와 세계 대전 참전의 명분에서도 알 수 있듯이 철저하게 자국민을 보호하는 정책으로 국가에 대한 국민의 신뢰도가 높습니다.

자신이 속해 있는 곳에서 최선을 다하고 노력하는 것이 그 공동체를 유지하고 발전시키는 힘의 원동력입니다. 주저앉고 안주하는 것이 아니라 지속적인 자기 계발을 통해 보다 나은 삶을 영위할 수 있는 것입니다. 절대왕정과 제국주의 산물을 영위하며 안주했던 유럽의 여러 나라와 지속적으로 혁신과 계발을 위해 노력했던 미국의 차이처럼 말입니다.

입을 벌리고 준비해야 먹을 수 있다

사람에게는 세 번의 기회가 찾아온다고 합니다. 누구에게나 주어질 수 있는 기회지만 결국 그 기회를 잡는 것은 준비한 자의 몫입니다. 아무리 좋은 기회가 찾아오더라도 준비하지 않고 있다면 그 기회는 남의 차지가 되고 말지요.

미국의 군용기 생산업체 노스아메리카의 대표인 킨들버거James H. Kimdleberger는 부족한 재정에도 전투기 개발에 많은 노력을 기울여 새로운 방식의 전투기 구조를 개발하는 데 성공합니다. 이후 미국 정부에 새로운 전투기 생산을 제안하지만 보기 좋게 거절당합니다. 하지만 킨들버거는 포기하지 않고 보다 완성도 높은 제품을 생산하기 위해 연구 개발을 계속하지요. 때마침 영국은 체코슬로바키아 침공과 관련해 독일과의 전면전을 염두에 두고 전투기 수급에 박차를 가하고 있었습니다. 킨들버거는 영국사절단에게 자체적으로 새로 개발 중인 전투기를 납품할 것을 약속합니다. 몇 개월 뒤 새로운 전투기가 만들어졌지요. 바로 롤스로이스 엔진을 장착한 창공의 야생마로 군림했던 '머스탱'입니다.

기회는 준비한 사람이 잡는다고 합니다. 하지만 제때에 맞춰 준비된 경우는 드물지요. 준비 과정에서 기회가 닥치기도 하고, 준비해야겠다는 마음만 먹고 있는데 기회가 스쳐가기도 합니다. 만약, 그런 일이 발생한다면 재치를 발휘해 기회를 잡아야 합니다. 기회는 날마다 오는 것이 아니기 때문이지요.

현대 그룹을 세운 고 정주영 회장이 이를 증명합니다. 한국전쟁이 한창일 때 부산에 피난해 있던 정주영 회장에게 기회가 찾아옵니다. 한겨울에 미군 묘지에 잔디를 입혀줄 수 있냐는 주문이었습니다. 당시 아이젠하워 미국 대통령 당선자가 부산을 방문할 예정인데 초라한 묘지를 보여줄 수 없으니 푸른 잔디로 덮어 보여주고 싶다는 유엔사령부의 요구였지요. 정주영 회장은 그들의 요구사항의 핵심이 '푸른 묘지'라는 것을 간파하고 '푸른 풀로 뒤덮이면 된다'는 대답을 받아냈습니다. 그러고는 막 싹을 틔우는 보리 싹을 사다 묘지를 덮었습니다. 유엔 방문객들의 극찬을 받고 임무를 완수한 것입니다. 그 대가로 연합군 사령부에서 제시한 금액보다 3배는 더 많은 돈을 받았다고 합니다.

또 하나의 사건은 서산 간척 사업입니다. 7km가 넘는 방조제를 축조해 간척지를 만드는 공사였는데 막판 물막이 공사에서 어려움을 만나게 됩니다. 서해안의 빠른 유속과 조석 간만의 차로 마지막 구간을 막지 못해 공사가 진척되지 못하고 있었지요. 정주영 회장은 대형 유조선을 끌어다 바닷물을 막으라고 지시합니다. 이 생각은 적중했고 세계 토목 공사에 유명한 일화로 남아 있습니다.

급변하는 상황 속에서는 대처 능력이 탁월해야 합니다. 민첩성은 빠질 수 없는 역량이지요. 미리 준비하지 못했다 하더라도 주어진 상황에 신속하게 대처하고 고정 관념에서 벗어나 역발상하는 실력을 키우면 분명 기회를 내 것으로 만들 수 있습니다.

02

미래라는 주사위는
던져졌다

생각은 깊게, 결정은 신속하게,
행동은 부드럽게!

자의든 타의든 어떤 일을 꼭 해야만 할 때, 사람들은 "주사위는 던져졌다."는 표현을 씁니다. 이미 결정 난 상황을 책임지라는 뜻이며, 선택의 여지가 없으니 행동력을 발휘하라는 것이지요. 던져진 주사위의 수가 얼마가 나오든지 그것을 받아들여야 하듯 말입니다. 선택의 연속인 인생에서 한 번 선택한 일을 되돌릴 수 없고 어찌되었든 그 결과를 받아들여야 하는 일은 많습니다. 우리가 미래 사회를 받아들이는 것도 마찬가지입니다. 과거로의 회귀는 불가능하잖아요. 현재에 머물러 있을 수도 없습니다. 던져진 주사위처럼 우리는 미래를 향해 가고 있지요.

루비콘 강을 건너는 카이사르

고대 로마 공화정 말기의 군인이자 정치가였던 가이우스 율리우스 카이사르Gaius Julius Caesar는 카이사르의 영어식 발음인 '시저'로 알려진 이름입니다. 카이사르는 마르크스 리키니우스 크라수스와 그나이우스 폼페이우스 마그누스와 함께 '제1차 삼두정치'라는 연대를 만들어 로마의 권력을 장악해 갑니다. 특히 카이사르는 이탈리아 북부의 갈리아 지방을 공격하면서 로마의 영토를 확장하고 브리타니아를 공격하는 등 혁혁한 공을 세워 두각을 나타내고 신망을 쌓았지요.

그 즈음 삼두 중 한 사람인 크라수스가 전사하자 카이사르와 폼페이우스는 서로 경쟁관계가 되었지요. 폼페이우스는 원로원과 손을 잡습니다. 그리고 승승장구하던 카이사르가 갈리아 지역을 정복하고 로마로 복귀하는 과정에서 그를 제거하기로 하지요. 카이사르는 로마로 들어가느냐 마느냐를 놓고 중대 결정을 합니다. 그리고 이내 진격하기로 결론 내리고 "주사위는 던져졌다!"를 외치며 루비콘 강을 건넙니다.

루비콘 강은 구두 모양의 남북 방향으로 길게 뻗은 이탈리아 반도의 북부 지역에 있는 강입니다. 로마 군대가 훈련이나 전쟁 등으로 멀리 나갔다가 귀국하는 길에 로마 황제에 대한 충성의 의미로 루비콘 강을 건너기 전에 무장을 해제하고 들어오는 것이 관례였지요. 무장해제하고 로마로 들어간다는 것은 폼페이우스와 원로원의 결탁으로 자기의 목숨을 내주는 것이라 판단한 카이사르는 결국 군대를 이끌고 로마로 진격합니다. 상대 세력을 제거하는 데 성공하고 권력을 잡아 로마의 최고 통치자가 되지요. 이때 카이사르가 던진 말이 '주사위는 던져졌다The die is cast'이며, 같은 의미로 '루비콘 강을 건너다Cross the Rubicon' 라는 표현을 쓰지요. 이것은 돌이킬 수 없는 상황에 대한 결정을 의미하는 것입니다. 카이사르의 결단력과 결의를 함축한 표현입니다.

위화도 회군으로 정국을 바꾼, 이성계

로마 역사에 카이사르가 있었다면 우리 역사에는 조선의 태조 이성계가 있습니다.

이성계는 고려 말 새롭게 등장한 신흥 무인 세력으로 아버지의 뒤를 이어 무관으로 성장합니다. 이성계가 한창 활동하던 14세기 중엽은 중국의 원나라가 북방으로 밀려나고 명나라가 대륙을 지배하면서 원의 간섭에서 벗어나고자 자주 대립하던 시기였습니다. 혼란을 틈탄 북방의 여진족과 남쪽 왜구의 잦은 침입에 이성계는 동에 번쩍 서에 번쩍하며 적을 물리치고 백성들의 존경을 받게 됩니다. 특히 1361년 홍건적의 침입으로 개경이 함락될 위기에 처하자 이성계는 군대를 이끌고 공격하여 홍건적을 물리치며 공민왕의 신임을 얻지요. 승승장구하던 이성계에게 난관이 오는데, 바로 우왕의 요동정벌 계획이었습니다. 명나라의 무리한 조공과 힘들게 되찾은 철령 이북 땅을 내놓으라는 요구에 우왕은 요동 정벌을 강행하려 했던 것입니다. 최영은 이를 부추기고요. 이에 이성계는 요동정벌 사불가론四不可論을 내세우며 출정을 반대합니다.

"작은 나라로서 큰 나라에 거역하는 것이 첫 번째 옳지 못함이요. 여름에 군사를 동원하는 것이 두 번째 옳지 못함이요. 온 나라 군사를 동원해 멀리 정벌을 가면 왜적이 그 틈을 탈 것이니 세 번째 옳지 못함이요. 지금은 장마철이므로 활은 아교가 녹고, 많은 군사들은 역병을 앓을 것이니 네 번째 옳지 못함입니다."

하지만 우왕은 뜻을 굽히지 않고 요동 정벌을 지시합니다. 결국 이성계는 군사 5만을 이끌고 출정할 수밖에 없었지요. 명나라 국경과 가까운 압록강 하류에 있는 위화도에 군대가 도달했을 즈음 여러 상황으로 더 이상 진군이 어렵다고 판단하여 회군을 하는데 이것이 바로 고려의 역사와 우리나라의 역사를 바꿔놓은 '위화도 회군'입니다. 위화도에서 회군한 이성계는 최영 일파를 제거하고 우왕을 유배 보낸 후 창왕을 보위에 앉혔습니다. 그리고 자신은 권서국사가 되어 나라를 보살피다가 창왕 이후 공양왕 4년에 왕을 폐위하고 정도전을 중심으로 한 신진사대부와 결탁하여 1392년 '조선'을 건국합니다.

카이사르가 루비콘 강을 건넌 사건이나 이성계의 위화도 회군은 역사의 물길을 바꾼 사건입니다. 거스를 수 없는 어떤 일이 시작되었다면 밀어 붙이고 자기의 의지대로 나아가야 함을 잘 보여줍니다. 우리는 역사를 통해 현재와 미래를 살아가는 법을 배웁니다. 4차 산업혁명 그리고 그 이후 변화의 물결은 이미 우리 생활 깊숙이 들어왔고 거스를 수 없는 현실이 되었습니다. 현재에 충실하게 결정을 내리고 의지로 밀고 나아가야 합니다. 카이사르와 이성계처럼 말입니다.

03

모든 변화의 중심에
인간을 두어라

과거도 현재도 미래도
사람이 주인공이다.

르네상스는 14세기에서 16세기 유럽에서 일어났던 문예부흥 운동입니다. 중세에서 근대로 넘어가는 과도기에 나타난 움직임으로 문화와 예술 전반에 걸친 고대 그리스와 로마 문화의 부활을 의미합니다. 중세 유럽은 종교가 지배하는 '신' 중심의 사회였다면, 르네상스 운동은 인본주의人本主義 즉, '인간' 중심 사상이 강하게 내포되어 있던 고대 그리스와 로마의 문학과 예술, 사상, 철학 등을 본받아 인간 본연의 정신을 되살리자는 인문주의 운동이었습니다.

당시 이탈리아는 고대 그리스·로마 문화의 전통을 간직하고 있었습니다. 그들이 접한 동방 문화는 새롭고 신선해서 변화를 추구할 기회가 되었지요. 또한 지중해 무역의 성장으로 베네치아 같은 무역항의 발달과 메디치 가문 같은 금융 자본가들의 후원은 이탈리아의 문화예술을 발달시키는 동기가 되었지요. 중세 이전 고대의 영향을 받아 인간이 가진 개성과 각자의 능력을 강조하며 인간의 성품과 존엄성을 강조하는 인문주의Humanism가 발달합니다. 『신곡』을 저술한 단테와 최초의 인문주의자로 불리는 페트라르카, 『데카메론』을 통해 당시 사회상을 비판한 보카치오 같은 인문주의자들을 비롯해 『군주론』을 쓴 마키아벨리는 정치를 종교로부터 분리시키고자 했습니다.

르네상스 3대 화가로 레오나르도 다빈치, 미켈란젤로, 라파엘로가 활약했습니다. 건축에서도 그리스의 길게 늘어선 기둥과 로마의 돔 형식이 합쳐진 새로운 형태가 나타나는데 대표적인 건물이 성 베드로 성당입니다.

반면 프랑스, 영국, 네덜란드, 독일 등 알프스 이북은 14세기 이탈리아에서 비롯된 르네상스 운동이 16세기 이후에 전파되어 발달하게 됩니다. 거의 200년 가까이 시간 차이가 나는 이유는 여러 가지 원인이 있겠으나 이탈리아에 비해 알프스 이북 지역은 보다 보수적이고 종교지배적인 경향이 강했기 때문입니다.

르네상스의 흐름도 알프스 이북은 이탈리아와 조금 다른 방향성을 가지고 있습니다. 현실 사회를 비판하고 전통적 권위에 저항하는 형태로 나타나며 사회 개혁적 성격이 강했습니다. 그렇기에 기존의 세력들이 르네상스 운동에 부정적인 시각을 가지게 됐고, 쉽게 받아들이지 못했으며 어느 편에서는 위기감을 느꼈던 것입니다.

이탈리아에서 시작해 유럽의 문화를 뒤흔든 르네상스 운동은 신항로 개척으로 무역의 중심지가 지중해에서 대서양으로 옮겨지며 이탈리아의 경제적 약화를 가져왔고 마틴 루터에 의한 종교 개혁으로 가톨릭과 개신교로 교회를 분열시키면서 쇠퇴해 갑니다. 하지만 당시 성행했던 다양한 예술 활동들은 이후에도 지속적으로 발전하지요.

르네상스 운동은 우리들에게도 중요한 의미를 전달하고 있습니다. 미래의 기계와 기술발달, 로봇과 인공지능의 발전으로 급변하는 시대 상황 속에서 자칫 소홀하게 될 수 있는 인간에 대한 관심과 지원의 중요성을 생각하는 계기가 되기 때문이지요.

기술의 발달로 인간이 도태되고 자아 상실의 위기감을 경고하는 미래학자들도 있지만 중요한 것은 모든 기술과 혁신, 성장의 중심은 인간이고 그 본질을 잊어서는 안 된다는 사실입니다. 인간이 있기에 기술이 있는 것입니다.

침묵은 아무것도 변화시킬 수 없다

다른 흑인들처럼 마틴 루터 킹 역시 어린 시절, 인종차별을 당했습니다. 마틴 루터 킹의 부모는 아들에게 그가 결코 백인보다 부족하지 않으며, 백인보다 못하다는 생각을 가져서는 안 된다고 가르쳤습니다. 경찰의 인종 차별에 당당하고 논리적으로 항의하는 아버지의 실천은 어린 루터 킹에게 옳지 않은 것을 보면 굴복하거나 침묵하지 말고 항의해야 한다는 가르침을 주었지요. 그는 대학교 재학 중 흑인 학생들에 대한 차별과 멸시를 당하기도 했지만 편견과 차별을 이겨내고 미국 내 흑인 인권운동을 주도했고, 비폭력을 주장하여 노벨 평화상을 수상합니다. 그가 한 연설은 대중의 마음을 움직이고 불의에 저항할 수 있는 동력을 부여했습니다.

나는 언젠가 나의 네 명의 아이들이 피부색으로 평가되지 않고 단지 그
들의 인격으로 평가되는 나라에서 살 수 있을 거라는 꿈이 있습니다. 나
는 오늘 꿈이 있습니다.

나는 언젠가 중재와 파기의 말을 계속 쏟아내며 사악한 인종차별주의
가 있는 앨라배마주에서 어린 흑인 소년 소녀가 형제애로 백인 소년 소
녀와 함께 손을 맞잡을 날이 있을 거라는 꿈이 있습니다. 나는 오늘 꿈
이 있습니다.

나는 언젠가 모든 계곡이 높아지고 모든 언덕과 산이 낮아지며, 거친 자
리가 평평해지고 뒤틀린 자리가 반듯하게 만들어지는 주의 영광이 드러
나 모든 만물과 함께 그것을 바라볼 날에 대한 꿈이 있습니다.

― 연설문 I Have a Dream ―

이 연설은 존 F. 케네디 대통령의 취임 연설과 함께 20세기 미국
을 대표하는 명연설로 유명합니다. 여러 지식인들에게도 공감대를 형
성하면서 인종 차별 철폐 운동에 비흑인 지식인들도 참여하는 계기
가 되었지요. 불의에 침묵하는 것은 그것에 동조하는 것이며 아무
나 할 수 있는 일이지만, 불의에 맞서는 것은 정의를 바로세우는 일이
며 아무나 할 수 없는 일입니다. 위대한 사람들이 불의에 저항해 싸웠
지만 아직도 우리 사회 곳곳에는 불의가 판치고 있습니다. 그리고 선
한 사람들에게 피해를 주지요.

미래라고 해서 무조건 정의롭고 깨끗한 사회가 되는 것은 아닙니다.
그렇다면 우리는 어떻게 해야 할까요? 저항과 투쟁을 강요하지는 않겠
습니다. 그러나 침묵과 방관, 묵인은 더 큰 불의를 낳고 키운다는 사실

을 기억해 두기 바랍니다.

제약에 무릎 꿇지 마라

자격루의 장점은 스스로 종을 쳐서 시간을 알리는 것입니다. 자격루 이전의 물시계 옆에는 24시간 서운관의 관리가 지키고 있어서 때가 되면 종을 울려 시간을 알렸지요. 실수라도 하면 큰일이었기에 서운관 관리는 늘 긴장한 상태로 근무해야 하는 고통이 컸습니다. 세종은 때가 되면 자동으로 종을 칠 수 있는 자격루를 구상하고 장영실로 하여금 만들게 했지요. 그로 인해 우리나라 최초의 자동시보장치(자동으로 시간을 알리는 장치)가 완성된 것입니다.

장영실은 노비 출신입니다. 장영실의 아버지는 원나라에서 귀화한 인물이고 어머니는 동래현의 기생이었지요. 관청에 속해 있던 관노비로 조선은 일천즉천 賤則賤의 신분제적 특징으로 부모 중 한 명이 천민이면 자식은 무조건 천민에 해당되어 장영실은 태어나는 순간 천민이 되었던 것입니다. 하지만 장영실의 실력을 인정한 세종은 그를 면천(천민에서 벗어남)하여 심한 반발을 무릅쓰고 '상의원 별좌' 벼슬을 내립니다. 임금의 의복을 만들거나 궐내의 재물과 보물을 관리했던 관청인 상의원 별좌는 녹봉이 없는 자리였지만 천민의 신분에서는 벗어날 수 있었지요.

이후 수시로 명나라를 오가며 우수한 과학기술을 접하고 우리 것으로 만들어내기 위한 다양한 노력의 결과 수많은 발명품들을 만들어내는 '조선의 에디슨' 같은 인물이 됩니다. 인재를 알아본 세종의 탁월함을 엿볼 수 있는 일이지요. 신분질서가 엄격했던 시기에 사회질서를 중요하게 생각한 왕이었다면 장영실의 훌륭한 재능은 빛을 발하지 못했겠지요. 세종은 사회질서보다 백성들의 삶의 질을 향상시키고 나라의 발전을 더 우선시했던 것입니다.

우리가 무슨 일을 도모할 때 언제나 제약이 따릅니다. 한두 가지의 제약보다 자신이 뜻한 바가 더 의미 있는 일이라면 과감하게 실천하는 세종을 닮은 용기가 필요하답니다.

04

자신을 사랑하고
자기의 가치를 높여라

"나를 사랑하는 마음은
나를 건강하게 하는 힘이다."

'나는 사람들로부터 얼마나 사랑받고 인정받고 있는가?'

'나는 지금 이 일을 할 수 있는 능력이 있는가?'

'나는 얼마나 다른 사람에게 영향력을 미치고 있는가?'

내 자신에게 이런 질문을 던져본 적 있나요? 자존감을 확인하고 높이려는 생각에서 출발한 자문自問일 것입니다. 여기에 자신의 가치·능력·감정에 긍정적 평가의 자답自答을 한다면 자신을 사랑하고, 가치 있는 사람이라고 생각할 수 있습니다. 자아존중감이 있는 사람은 정체성을 제대로 확립할 수 있고, 정체성이 제대로 확립된 사람은 성공의 기회를 가질 수 있답니다.

자신에게 자아존중감을 부여하는 것은 지극히 주관적인 것입니다. 자기 자신과 관계된 문제나 주제를 다루므로 스스로가 평가하고 판

단해야 하기 때문이지요. 이때 타인의 시선으로 자신을 보면 자신을 객관적으로 볼 수 있습니다. 자신의 시각에서 자기를 본다면 아집에 빠질 수 있고, 다양한 각도에서 바라볼 수 없기 때문에 깊고 자세하게 볼 수 없습니다. 자신에 대한 평가가 후할 수밖에 없고, 자기를 정당화시키고 합리화시킵니다. 이는 다른 사람들과의 어울림을 방해하는 요인이 되기도 하지요.

자존감 형성에 중요한 경험의 기억

자존감을 형성하는 데 있어 중요한 것은 경험의 기억입니다. 우리가 살아가면서 겪는 다양한 경험의 기억 중에 긍정적인 영향의 기억과, 부정적인 영향의 기억이 있을 수 있는데 긍정의 기억을 통해서는 자존감이 높아지는 기회를 얻게 되고, 부정의 기억을 통해서는 자존감에 상처를 입을 수 있습니다. 특히 칭찬은 매우 강력한 긍정의 기억이 될 수 있지요. 그래서 할 수만 있다면 좋은 경험은 오래 기억할수록 좋고 나쁜 기억은 빨리 잊는 것이 좋습니다.

자존심 상하거나 마음에 상처받았던 기억을 다시 되새기며 속상해하지 마세요. 다시 떠올릴 때마다 기억의 수명이 연장되니까요. 가능한 좋은 기억을 되살리고 그때의 감정을 유지시키는 것이 자신을 위해 바람직합니다. 이것은 우리가 성장하는 시기 더 나아가 어른이 되어서도 마찬가지입니다.

자존감이 높으면 어떤 일을 추진하고 진행하는 데 자신감을 갖고 적극적이고 합리적으로 판단하며 행동할 수 있습니다. 반면 자존감이 낮으면 매사에 소극적으로 행동하게 되며 주변과 어울리지 못하고 외톨이가 되어 어두운 곳을 찾아다니며 스스로 옭아매고 작아지게 됩니다. 여러 사람이 있는 곳을 꺼리게 되고, 자신에게 다가오는 사람을 기꺼이 맞아줄 수가 없지요. 자신이 하고 있는 일에 확신이 없기 때문에 당당하게 나서지 못하게 됩니다. 누구도 '나'를 대신할 수 없으니 내 스스로 당당해야 할 것입니다.

가치 있는 삶은 자신의 안정감을 어디에서 찾고 무엇을 중요시 여기느냐가 큰 역할을 합니다. 내가 돈에 안정감을 두면 돈만 보이고, 명예에 안정감을 두면 명예만 생각하며, 외모에 안정감을 두면 외모를 꾸미는데 많은 시간과 투자를 하게 되지요.

세상의 평화와 안정을 위해 살고, 다른 사람을 도와주며 밝은 세상을 만드는 데 비중을 둔다면 비록 세상에서 상처받고 힘든 일이 생기더라도 이겨낼 수 있는 힘을 얻을 수 있지만, 세속적인 것에서 안정감을 찾는다면 결코 헤어나기 힘들 것입니다. 즐거움은 순간이지만, 뿌듯함은 성취감을 불러오기 때문입니다.

어떤 모습으로 이름을 기억시킬 것인가

『현대문학』에 실린 김춘수 시인의 작품인 「꽃」에 등장하는 '이름'

은 바로 '의미'입니다. 이름을 불러주기 전에는 하나의 몸짓에 지나지 않았던 그가 이름을 불러주자 바로 자신에게 와서 꽃이 되었으니까요. 시의 화자는 내가 그의 이름을 불러준 것처럼 누군가가 자신의 빛깔과 향기에 알맞은 이름을 불러달라고 합니다. 그러면 불러준 이에게 가서 꽃이 되고 싶다고 하지요. 우리는 모두 무엇이 되고 싶어 하는데 잊혀 지지 않는 의미로 남고 싶다는 이유를 댑니다. 누군가에게 어떤 의미로 기억될 때 삶의 의미가 부여되기 때문인 것 같습니다.

우리는 존재 자체로 누군가에게 소중한 의미가 있습니다. 특히 이름은 그 사람을 떠올리게 하는 상징이지요. 그래서 이름을 부르면 나와 상대방의 소통의 통로가 만들어지지요. 이름은 내가 태어나면서 부모님께 물려받은 평생의 선물이자 존재의 상징입니다. 한 번 부여받은 이름은 나와 함께하는 아바타 같은 것이며 또 다른 '나'인 것입니다. 요즘은 이름을 바꾸기도 하지만, 이름이 가진 의미는 같습니다.

세상에서 나를 가장 먼저 나타내는 것이 이름이지요. 학교에 처음 입학하면 내 이름이 불리고 출석부에 이름이 기록됩니다. 얼굴이 외형의 나를 보여주는 것이라면 이름은 나의 모든 것을 나타내줍니다. 이름을 부르면 기억 속에 있던 그 사람의 성격이나 모습, 좋은 추억, 감정 등이 되살아나기 때문이지요.

다른 이가 내 이름을 기억해준다는 것은 영광스런 일입니다. 기필코 좋은 모습으로 새겨지고 오래도록 기억되어야겠지요. 오늘 내가 했던 언행을 친구는 인상 깊게 기억하고 내 이름의 이미지로 아로새길지 모릅니다. 갑자기 오늘 했던 욕이나 망신스런 일이 생각나지 않나요? 그 모습을 기억한다니 살짝 겁나는 일이지요. 그래서 하루를 지내며 만나는 이들에게 어떤 모습으로 기억될까를 생각하며 행동한다면 실수도 줄이고, 믿음직스런 행동을 보여줄 수 있게 됩니다. 먼저, 자신이 멋있다고 생각하는 모습을 그리고 그대로 행동하면 됩니다. 그것이 오롯이 자기 모습이니까요.

05

습관은
기적을 불러온다

생각을 바꾸면 행동이 바뀌고,

행동이 바뀌면 삶이 바뀐다.

"세 살 버릇 여든까지 간다."는 속담이 있습니다. '버릇'을 일반적으로 '습관'으로 표현하는데 습관은 내 의지와는 상관없이 만들어지는 것이 대부분입니다. 일상생활에서 이루어지는 행동의 절반 가까이가 우리의 의사 결정에 의한 것이 아니라 생활 속에서의 반복을 통해 만들어집니다. 즉, 습관의 형성으로 우리 행동의 모습이 결정됩니다. 습관은 만들기가 어렵지 한 번 습관이 만들어지면 행동으로 이어지기는 쉽습니다. 일찍 자는 사람이 일찍 일어나는 것처럼 말이지요.

습관이 무섭다고 하지만 모든 것은 자신의 마음에서 나오는 것입니다. 마음에 있던 말이 입을 통해 언어로 나오고 이런 말이 행동으로 이어지며 행동이 반복되어 습관이 되니까요. 어려운 자리에서 조심하다가도 은연중에 나타나는 습관은 나를 나타내는 것이고 본연의 내 모습을 드러내는 것입니다. 누가 보든지 아름다운 습관은 상관없지만, 남에게 불쾌감을 주는 습관은 결국 자신에게 실망만 안겨 줄 뿐입니다. 자신의 마음을 지켜가면서 거룩한 습관을 가꿔야 하는 이유이지요.

스티븐 코비는 『성공하는 사람들의 7가지 습관』에서 다음과 같이 7가지 유익한 습관을 제시합니다.

◆성공하는 사람들의 7가지 습관

-주도적이 되라

-목표를 확정하고 행동하라

-소중한 것부터 먼저 하라

-상호 이익을 추구하라

-경청한 다음 이해시켜라

-시너지를 활용하라

-심신을 단련하라

우리가 평소 습관이라고 생각했던 개념을 넘어선 제시지요? 그러나 곰곰이 생각해보면 습관이 어떤 행동만을 말하는 것은 아니라는 것을 알 수 있습니다. 마음과 정신까지 습관의 범주에 들어간다는 것이지요. 행동, 마음, 정신을 길들여 자신의 마인드나 가치관으로 정립하면 아주 유익하고 진짜 거룩한 습관이자 훌륭한 자아형성이 됩니다.

습관이 자신의 격을 높여준다

긍정적인 습관은 삶의 모습을 예쁘게 만들어줍니다. 자신의 삶에 작용하면서 생활을 윤택하게 하고 수고를 덜어주며 만족감과 자존감을 높여주지요. 예를 들어 아침에 눈을 뜨고 가장 먼저 하는 일을 생각해보세요. 물을 마시는 사람, 책을 읽는 사람, 휴대폰을 만지작거리는 사람 등 다양한 유형이 있을 텐데 어떤 행동적 습관이 나에게 유익한 것인지 분명 알 수 있습니다.

그러나 부정적 습관은 자신의 육체와 영혼을 망가지게 하는 경향이 있으며 주위로부터 격리와 단절을 가져올 수 있습니다. 말끝마다 비속어를 남발하는 사람들은 좋은 이미지를 줄 수 없습니다. 당사자 앞에서는 익숙한 척하고 누구나 하는 말인 것처럼 웃어넘기지만 뒤로는 다시는 대화를 나누고 싶지 않은 사람으로 분류될 것입니다. 설마, 그렇게 되기를 원하는 것은 아니지요?

습관은 오랜 행동의 연속으로 만들어지기 때문에 어떤 행동과 생각을 하느냐에 따라 다양하게 나타날 수 있습니다. 긍정적 행동과 생각을 많이 하게 되면 긍정적 습관이 만들어지는 것이며 부정적 행동과 생각을 많이 하게 되면 부정적 습관이 만들어지는 것입니다.

미래 사회에서 유용한 습관

세상 모든 것에 질문하는 습관

질문은 관심의 표현이며 지적 호기심을 외부로 드러내는 방법입니다. 세상은 급변하고 있으며 그에 따른 수많은 정보들이 우리에게 자극으로 다가오는데 질문을 통해 유용한 정보들을 나의 것으로 만들어 세련되게 할 수 있지요.

독서하는 습관

인터넷의 발달로 지식과 정보를 책이 아닌 인터넷에서 얻는 경우가 많습니다. 최근에는 유튜브의 영향력이 막강해져서 많은 사람이 활용하지요. 하지만 정작 중요한 것은 오늘을 있게 하고 내일을 만들어가는 지식의 소산이 책 속에 있다는 것입니다. 종이책이든 전자책이든 지식과 경험을 공유하는 것은 반드시 필요합니다. 독서 습관은 타인의 삶을 간접적으로 경험해봄으로써 내 삶의 지혜를 얻을 수 있습니다. 또한 일기 쓰기 습관은 하루를 반성하면서 오늘보다 나은 내일을 만들어 갈 수 있게 합니다.

칭찬하는 습관

칭찬하는 습관은 나의 발전과 행복감뿐만 아니라 상대방의 자존감을 높여주는 놀라운 힘이 있습니다. 칭찬을 하려면 상대를 깊이 관찰하고 관심을 가지며 적극적이고 직접적으로 칭찬하는 것이 중요하지요. 그 과정에서 상대방과의 공감대가 형성되고 서로에 대한 신뢰가 쌓이며 이해할 수 있는 포용력이 길러집니다.

세상 모든 것에 감사하는 습관

감사를 한다는 것은 내가 가진 것에 대한 고마움의 표현일 수 있고 상대방이 나에게 베푼 선행에 대한 반응일 수도 있으나 무엇보다 중요한 것은 나의 자존감을 높여준다는 것입니다. 감사할 수 있다는 것은 세상 모든 것들에 대하여 나에게 유의미한 의미를 부여하고 있다는 것이지요.

습관은 우리 일상에 아주 큰 영향을 끼치기 때문에 어떤 습관을 갖느냐에 따라 삶의 모습이 달라질 수 있습니다. 다가오는 인공지능 시대에 인간이 암기해야 하는 것들을 대신 기억해주는 기능이 발달하며 정교해질 것입니다. 또한 컨베이어 벨트 앞에 서서 자신이 맡은 부품만 조립하던 단순 노동은 이미 로봇이 대체해가고 있습니다. 인간의 설 자리가 위협받는다며 걱정하는 사람들의 목소리가 커지고 있는 현실입니다.

우리가 습관처럼 같은 일의 반복적 노동에 빠져버리면 자아 상실에 빠질 우려도 있습니다. "나는 생각한다, 고로 나는 존재한다."는 데카르트의 말처럼 인간의 사고 능력은 무궁합니다. 꾸준하게 긍정적 생각을 지속하면서 내가 처한 상황과 환경에서 희망을 보고 행복을 느끼는 소중한 경험을 맛보아야 합니다.

인류가 만들어 온 어제와 오늘은 어느 한 순간에 일어난 것이 아니라 오랜 시간 꾸준함에서 나온 결과물이지요. 뗀석기에서 간석기로 변화되는 과정이나 석기에서 금속기로 이어지는 일련의 과정들이 책 속에서는 몇 줄 차이로 나타나지만 실제로는 수천, 수만 년의 시간이 흘러 이루어진 것입니다. 다가오는 미래 사회도 지금을 살고 있는 우리가 무엇에 집중하고 꾸준하게 이어가느냐에 따라 달라질 수 있습니다.

우리가 일상적으로 내뱉는 말과 행동의 중심에 인간의 존엄을 두어야 합니다. 그것이 인간과 기계와의 근본적 차이입니다. 꾸준하게 사람 중심의, 인간 존중의 마음을 단련하고 만들어야 하는 이유이기도 하지요.

part
4

문화는
세계로 이어진다

문화란 한 사회의 구성원들에게 나타나는 주요한 행동 양식이나 상징체계를 말합니다. 사상, 언어, 종교, 예술, 가치관 등 사회 전반적인 생활양식이라 할 수 있지요. 그래서 지역이나 기후, 민족의 기질 등을 기반으로 독특하고도 상징적인 특유의 문화를 가지게 된 것입니다.

지역적 특색을 가진 문화도 이동합니다. 교류나 정복활동 등을 통해 문화는 유입되고 유출됩니다. 그 지역의 토착문화에 새로운 문화가 결합되면서 또 색다른 문화가 창출되지요. 의식주를 비롯해 언어나, 노래, 예법 등 우리 생활 전반에 걸쳐 다양하게 자리매김합니다. 그 결과 세계 문화의 다양성 속에서 보편적 특징과 유사점이 만들어지게 되었지요.

유네스코가 지정하는 인류의 문화유산은 고유성을 간직하고 독창적이어서 보존할 가치를 인정받는 것들입니다. 우리나라에도 유형과 무형, 기록, 지역 등 여러 문화가 세계문화유산으로 지정되어 있습니다. 귀하게 보존하고 유지해야 하는 것들이지요. 더불어 다른 나라의 독특한 문화는 인정하고 좋은 것을 함께 나누고 경험하며 발전시켜 나가야 합니다.

현대는 과학 기술, 교통과 통신의 발달로 과거보다 문화의 접촉과 흡수의 시간이 빨라졌고, 미래 사회는 초연결 사회로 시공간을 뛰어 넘어 급진적으로 서로 다른 문화를 접하고 공유할 수 있는 시대가 되었습니다.

이번 장에서는 문화의 중심이자 세계사의 흐름을 이끌어 간 예술의 관점에서 어떻게 세계가 다양한 문화를 흡수하고 변화를 이끌어 갔는지 살펴보고 그 변화에서 우리가 배워야 할 교훈은 무엇인지 찾아보도록 하겠습니다.

01

유럽에서는
동양이 신비롭다

호기심이
새로운 것을 만들어낸다.

미술에 까막눈인 사람도 빈센트 반 고흐는 압니다. 그의 작품은 화려하고 강렬한 원색의 색채와 빠르고 거친 붓 터치 그리고 물감의 질감을 통해 인간의 감성을 자극하여 감동을 일으키지요. 노란 해바라기, 파란 붓꽃, 갈맷빛 사이프러스 나무, 노랑과 파랑의 색채 대비를 이룬 『별이 빛나는 밤에』 등 주옥같은 그의 명작은 미술계에서 뛰어난 존재감을 드러냅니다. 어떤 이는 네덜란드를 여행하던 중 그의 작품을 보며 가슴 뭉클함을 느끼고 눈물을 흘렸다고도 하니 정말 대단하지요.

한국인에게도 특별히 사랑받는 빈센트 반 고흐가 일본의 우키요에(일본 에도 시대에 서민 계층을 기반으로 발달한 풍속화)를 만난 건 그의 나이 32세 때입니다. 독학으로 미술공부를 하던 중 새로운 미술의 세계를 접하게 됩니다. 우키요에는 일본의 서민생활을 기조로 생긴 회화기법입니다. 목판화로 대부분 일본의 생활 풍속 그림이지요. 우키요에는 일본 메이지 시대(1868~1912년) 사진, 제판, 기계인쇄로 정작 일본에서는 쇠퇴되었지만 유럽인들의 애호로 프랑스 화단에 많은 영향을 주었다고 합니다. 특히 인상파 화가들에게 지대한 영향을 미쳤다고 하는데 이는 유럽에서는 접하지 못했던 대담한 구도, 원근법의 생략, 강렬한 원색, 뚜렷한 윤곽선, 날렵한 선묘, 평면구성과 검은색 사용을 신선하게 본 것 같습니다.

특히 고흐의 우키요에 사랑은 수집을 넘어, 보고 베끼고, 자신의 그림 배경에 넣고, 끊임없이 연구하며 자신만의 독창적인 기법으로 발전시켜 나갑니다. 우키요에가 가진 동양에 대한 신비감과 미지에 대한 동경이 서양의 인상파와 만나면서 제3의 재창조물이 탄생된 것이지요.

「탕기 영감의 초상」은 고흐가 얼마나 우키요에를 사랑하고 열심히 연구했는지 보여주는 대표적인 작품입니다. 이 작품은 우키요에가 성립되던 시기에 그려져 예술적 가치뿐만 아니라 역사적 가치가 있어 우키요에의 본고장 일본에서도 유명하지요.

고흐의 「탕기 영감의 초상」

그림 속 주인공 줄리앙 프랑수아 탕기Julien Francois Tanguy는 실존인물로서 몽마르트 클로젤 거리의 그림물감 상점 주인이었습니다. 당시 고흐를 비롯한 가난한 화가들의 정신적·물질적 후원자였지요. 「탕기 영감의 초상」의 뒷배경은 우키요에로 가득 메워져 있습니다. 우키요에로 당대 최대의 문중을 이끌었던 우타가와 히로시게가 그린 3점의 그림과 케이사이 에이센이 그린 1점의 우키요에가 담겨 있지요. 고흐의 모작에서 봄직한 다리도 있고, 눈에 덮인 후지산과 일본의 국화인 벚꽃도 보입니다. 얼굴에 하얗게 분칠을 하고 기모노를 입은 일본의 전통 기생인 게이샤의 모습도 보이지요. 어느 것 하나 일본의 우키요에가 아니라고 반박할 만한 것이 없는 확실한 우키요에 작품들입니다.

사실 동양의 문물이 서양에 영향을 미친 것은 우키요에가 처음은 아닙니다. 고대 그리스문화가 오리엔트 문화와 만나 헬레니즘을 탄생시켰고, 18세기 로코코 미술이 중국문화를 만나 시누아즈리를 탄생시켰으며, 이후 19세기에 인상파 미술이 일본문화를 만나 자포니즘을 탄생시킨 것입니다. 그렇다면 시누아즈리, 자포니즘이 무엇인지 잠깐 짚어보고 넘어갈까요?

유럽에 퍼진 중국풍, 시누아즈리

시누아즈리Chinoiserie는 17세기 후반부터 18세기 초 유럽에서 유행하던 중국풍의 장식, 문양 또는 예술의 한 경향을 말합니다. 영국은 청나라와 아시아의 활발한 무역을 위해 1600년경에 동인도회사를 설립했습니다. 이로 인해 수많은 청자, 병풍, 차 등이 수입되고 중국 문화의 유입으로 새로운 미지의 세계가 펼쳐졌으며 유럽인들의 호기심을 자극하지요. 이른바 상류사회의 과시용 필수품이 되었던 자기China는 귀족들의 가구, 장식장, 옷에 중국 문양이 새겨졌으며 정물화나 인

프랑수아 부셰의 「중국식 정원」

물화의 배경에는 중국풍의 도자기와 장식품들이 그려졌습니다. 동양의 신비한 자기 문화에 흠뻑 빠진 귀족들은 중국 도자기를 수집하기도 하고 도자기방을 따로 만들기도 했지요.

Afternoon tea를 즐기던 그들의 찻잔을 푸른색과 흰색의 중국 도자기가 차지하게 되었습니다. 유럽인의 중국에 대한 판타지는 당시 유행했던 화려하고 여성스런 로코코 양식과 결합하여 독특한 양식을 만들어 '시누아즈리'라는 이름으로 지금까지 영향을 끼치고 있습니다.

로코코의 대표 화가 프랑수아 부셰는 도자기 수집광으로도 유명한데 1742년 살롱전에 중국을 주제로 한 그림 8점을 발표합니다. 그 중 「중국식 정원」 18세기경 프랑스 브장송 미술관의 작품은 시누아즈리를 잘 보여주고 있지요.

일본의 매력에 빠진 유럽, 자포니즘

중국풍의 시누아즈리의 유행이 지난 후, 19세기부터 일본 문화와 취향을 선호하는 현상인 '자포니즘Japonism'이 등장합니다. 1855년 파리 만국박람회를 통해 일본 에도시대의 도자기, 차, 부채 등이 전시되었는데, 그들을 매료시킨 것은 엉뚱하게도 일본인들에게는 흔하디흔

한 것으로 대수롭지 않게 여긴 일본의 채색 목판화 작품인 우키요에였습니다. 자포니즘을 대표하는 우키요에는 일본 이곳저곳에 퍼져있던 새로운 문화들을 담아 '떠다니는 세상의 그림'으로 시작하였으나 발음은 같으나 뜻이 다른 '우키요에浮世繪' 즉 '덧없는 세상의 그림'이란 뜻으로 통용되었습니다.

우리나라의 민화적 성향을 지닌 대중적인 예술품 우키요에는 일본의 풍경과 서민들의 생활 습관을 표현한 풍경화와 풍속화 또는 미인과 기녀, 광대, 춘화 등을 주로 그렸습니다. 우키요에의 특징으로는 화려한 색채, 과감하고 독특한 구조, 원근법과 입체감을 무시한 평면성, 단순성, 대담성, 얇은 테두리, 사라진 그림자와 원색의 강렬함을 들 수 있습니다. 그런데 그 당시 프랑스에는 과학 기술과 문명의 발달로 카메라가 발명되어 화가들은 심혈을 기울여 만든 작품을 카메라가 단숨에 완벽한 형태를 재현하는 것에 좌절했지요. 그래서 흑백 카메라가 담지 못하는 빛과 색에 희망을 갖고 예전의 어둡고 정형화된 그림에서 빛과 순간의 포착을 그림에 담으려는 노력을 하게 됩니다. 19세기 카메라의 발명으로 인해 침체되었던 유럽의 미술계에서는 형상은 담아도 빛을 담지 못하는 카메라에 저항하듯 인상주의가 나타납니다. 기계가 주지 못하는 감동을 화폭에 담아낸 것이라고 할 수 있지요. 또한 그림만이 표현할 수 있는 기법이나 화풍을 찾아 나섭니다.

색과 구도와 주제마저 양식과 틀에서 벗어나 자유롭고 독특한 방식으로 풀어나가는 동양의 매직카드와 같았던 우키요에! 고가의 도자기를 포장하던 흔해 빠진 우키요에를 유럽인들은 보물 단지 모으듯 수집을 하고 그들의 작품에 등장시켜 경의를 표하기까지 했습니다.

만약 고흐가 조선의 민화를 만났다면 어떤 작품이 탄생되었을까요? 고흐가 그린 노란 방 벽에 우리나라 민화 한 장이 걸려 있을지도 모를 일이었겠지요?

　세계의 수많은 작품들을 살펴보면 다양한 방법으로 세계를 품고 있다는 것을 확인할 수가 있습니다. 예를 들어 파블로 피카소는 조선의 민화를 만나지 않고도 민화의 특징을 그의 작품에서 고스란히 찾을 수 있습니다. 민화의 특징인 역원근법과 다시점이 피카소 입체파의 화면구성의 대표적 특징으로 사용되고 있다는 것이지요. 그런데 이런 민화의 우수성을 몰라보고 피카소 작품의 명성을 더욱 우수하게 평가하는 것이 아쉽기만 합니다. 우리의 민화가 피카소보다 100여 년이 앞섰는데 말이죠.

피카소의 「꽃과 레몬이 있는 정물」　　민화 책거리 8폭 병풍 중 일부

　아쉬움을 뒤로하고 생각해본다면 우리의 민화도 어디선가 툭 튀어나온 것이 아닐 거라는 생각이 듭니다. 그림 교육을 받지 않은 서민이 그

리고 표현기법이 서툴고 예술적이지 못하다 하더라도 민화가 가진 독창성은 세계 최고입니다. 그렇지만 이 또한 과거의 그림이나 다른 문화와 어느 정도, 지극히 일부라도 다른 문화가 섞여 있을 수 있습니다. 우리의 석굴암 불상이 헬레니즘의 간다라 미술의 영향을 받은 것처럼 말이지요.

문화는 서로 다른 문화가 섞여 재창출되는 것입니다. 그러기에 우리 것만 고집해서도 안 되고, 무분별하게 수용해서도 안 됩니다. 타문화를 존중하고 받아들이되 우리의 방식으로 재해석하고 기존 우리 문화와 엮어 우리 시대의 가치를 담은 문화를 창조해야 합니다. 다시 한 번 말하지만 문화는 세계를 품고 뛰어 넘어 또 다른 새로운 창조물을 만들어내는 원동력입니다. 미래에는 우주 외계의 문화와 지구의 문화가 섞이는 날이 올 것 같습니다. 오, 기대됩니다.

02

낙서로
세상을 말하다

평범한 것이 특별해질 수 있고,
특별한 것이 일반화될 수 있다.

'긁어서 새기다'란 뜻의 이탈리아어'graffito'와 그리스어'sgraffito'
의 합성어인 그래피티graffity는 낙서를 새로운 회화 양식으로 명명
한 미국 예술 사조입니다. 우리의 일반적인 사고로 '낙서'라고 하면 긍
정적인 요소보다는 부정적인 요소가 더 많이 작용하는 것이 사실입
니다. 그것은 아무 가치가 없을 뿐 아니라 장난이고 재미삼아 노는 놀
이 정도로 치부해 버리기 때문이지요. 하지만 낙서가 예술 세계에서
는 좀 특별한 대접을 받습니다. 아마 20세기 미술의 새로운 개념이 들
어서면서 부터가 아닐까요?

현대 화가들은 자신의 행위와 작품을 미술사적으로 의미화하고 예술
사조로 이름 지었습니다. 예를 들어 초현실주의자 르네 마그리트는 인
간의 상상력에 자유를 불러 일으켜 현실에 엉뚱한 사물을 넣어 낯설

게 하는 '데페이즈망'을, 잭슨 폴록은 물감을 캔버스에 뿌리는 행위 자체를 예술로 승화시켜 '드리핑'을, 마르셀 뒤샹은 공장에서 이미 만들어진 기성품 즉 레디메이드인 변기에 자신의 사인을 하여 전시하며 '오브제'를, 폰타나는 색이 잘 발려진 캔버스에 칼질을 하여 평면에 공간을 주입하는 '공간주의'를, 백남준은 텔레비전과 비디오를 작품에 대입하여 '비디오아트'를, 앤디워홀은 대중문화를 예술로 이끌어 '팝아트'를, 그 외에 빛을 작품으로 사용한 '라이트 아트', 예술 작품에 최소한의 조형요소만 남기고 심플주의를 추구하는 '미니멀아트', 예술의 행위 그 자체가 작품이 되는 '행위예술' 등 수많은 현대 미술 사조를 탄생시켰습니다.

낙서의 새로운 회화 양식 '그래피티'

낙서를 예술의 한 분야로 승격화시킨
장 미셸 바스키아와 키스해링

낙서를 예술의 한 분야로 승격화시키는 데 공헌을 한 화가는 미국의 흑인 낙서화가로 유명한 장 미셸 바스키아와 키스해링이지요.

"나는 작업을 할 때 예술에 대해 생각하지 않는다. 삶에 대해 생각하려고 한다."

미국의 '검은 피카소'라고 불리는 장 미셸 바스키아는 그 당시 많은 흑인의 처지와 달리 회계사인 아버지와 교육열이 뛰어난 어머니 사이에서 부유하게 자랐습니다. 피카소의 「게르니카」를 보며 눈물을 흘리는 어머니의 모습을 보고 화가가 되기로 결심한 그는 부모님의 이혼으로 인하여 방황하는 십대 시절을 보내지요. 알 디아스와 세이모 SAMO라는 크루를 결성해 뉴욕 맨해튼의 소호 거리를 캔버스 삼아 스프레이와 크레용으로 사회와 인종차별에 대한 메시지를 그림으로 표

장 미셸 바스키아의 「무제」

현했습니다. 명성을 원했던 바스키아는 알 디아스와 결별하고 팝아트의 거장 앤디 워홀을 찾아갔지요. 바스키아의 천재성을 알아본 워홀과의 인연은 그가 바라던 대로 부귀와 명성을 안겨주었습니다.

1980년대 흑인화가의 희귀성과 사회적 분위기에 맞춰 독창적

인 화풍으로 미술계를 휩쓴 그는 갑작스런 워홀의 죽음으로 큰 상실감에 빠지고 급기야 1년 후 약물중독으로 27년의 생을 마감하게 됩니다. 2017년 5월 뉴욕 소더비 경매에서 한화 약 1250억 원의 거금에 낙찰된 바스키아의 무제는 세상에서 가장 값비싼 낙서화로 기록을 남기게 되지요.

예술의 대중화를 확립시킨 키스 해링Keith Haring은 그래픽 공부에 흥미를 느끼지 못하고 뉴욕의 시각예술학교에 입학합니다. 뉴욕 거리와 지하철 플랫폼에 인간의 단순한 형체를 선묘로 재미, 유머, 교훈이 담긴 낙서스타일로 주목을 받습니다.

간결한 선, 자극적 원색, 세상에 내던지는 해학과 재치, 유머로 그림속

자신의 작품이 디자인된
옷을 입은 키스해링

의 인물들은 성, 인종, 나이를 구분할 수 없고, 각양각색의 기호를 사용하여 사회적 이슈를 다루는 공익광고성 성향이 강합니다. 그의 대부분의 작품은 제목이 없고 관람자의 자유로운 해석을 요구합니다. 그의 예술성은 상업성과 연합하여 의류, 장난감, 화장품, 포스터, 타투, 벽화 등으로 확산되었지요.

키스 해링은 데뷔 시작부터 대중의 곁에 있었기 때문에 사람과의 소통과 누구나 그의 작품을 소유할 수 있도록 허락하였습니다. 에이즈로 인해 31세의 짧은 생을 마감하였지만 예술을 대중화 시킨 공로에 대해서는 누구도 부정할 수 없는 사실입니다.

03

엉뚱함이
횡재를 낳는다

모든 인간은 잠재력을 가지고 있다.
평범한 사람은 사소한 일에 그 힘을 낭비한다.
나는 그것을 단 한가지 일, 미술에 낭비한다. - 피카소

미술계에서는 '낯설게 하기'가 낯설지 않습니다. 익숙한 것들을 비틀
고 다른 관점에서 제시하여 대중들로 하여금 생경함을 느끼게 하고 그
것으로 자신이 하고 싶은 주제를 표현하는 것이지요. 대중은 낯설수
록 환호를 보냅니다. '어느 시대이건 예술가는 자동차로 달린다면 대
중은 버스로 가는 속도'라는 백남준의 말처럼 영혼의 자유로운 모터
를 단 예술가들은 늘 시대를 앞서가는 창의력이 그들의 무기였습니다.
남들이 생각하지 못한 뚱딴지같은 생각으로 관람자들에게 영혼의 신
선한 충격을 줌으로써 명성과 부귀를 한 번에 얻는 작가들이 여럿 있는
데 그 중 가장 대표적인 작가가 피카소입니다. 그는 인물을 다양한 각
도에서 바라보고 한 화면에 표현하여 입체파를 창시하였지요. 또한 미

술의 신세계를 개척한 선구자이자 다양한 기법들을 개발한 현대 '미술계의 황제'라 할 수 있습니다.

르네상스의 괴짜 화가, 주세페 아르침볼도

천 년이 넘는 기간 동안 중세미술을 지배했던 신 중심에서 벗어나 인간의 자유 의지를 발현하여 탄생한 르네상스시대는 다양한 발명과 발견으로 새로운 문화와 역사를 창조해냈습니다. 역사적으로는 신대륙의 발견, 잠수함, 비행기의 발명, 미술사로서는 명암과 원근법, 해부학에 근거한 사실적이고 정교한 인물 표현, 그리고 유화물감의 발명 등이지요.

아르침볼도의 「베르툼누스의 모습을 한 루돌프 2세」

르네상스를 대표하는 3대 화가는 「모나리자」와 「최후의 만찬」을 그린 레오나르도 다빈치, 「다비드 상」을 조각하고, 「최후의 심판」을 그린 미켈란젤로, 「성모자상」을 그린 라파엘로가 바로 그들입니다.

이 세 명의 위대한 화가 외에도 수많은 유명 화가들이 있으나 이 중 특별히 주세페 아르침볼도Giuseppe Arcimboldo를 주목해봅시다. 그는 이탈리아에서 태어나 신성로마제국의 황제인 페르디난트 1

세 때부터 3대를 걸쳐 궁정화가로 지낸 나름 잘 나가던 화가였습니다. 사물, 동물 등의 소재를 사람의 형상으로 결합시켜 새로운 이미지를 탄생시킨 독특한 발상과 뛰어난 천재성으로 재조명을 받는 화가입니다.

아름답고 사실적인 육감미 넘치는 여인의 초상이 주류를 이룬 르네상스 시대에 일상에서 익히 볼 수 있는 사물과 괴기스러운 물건들의 짜깁기로 만들어진 작품들을 불쾌해하기는커녕 신성로마제국의 황제 루돌프2세는 그의 천재성을 알아보고 백작 작위까지 수여했습니다. 그가 죽은 지 300여 년이 지난 이후 살바도르 달리에 의해 다시 사물의 배치에서 사람의 형상을 발견하게 되는 이중적 표현이 재조명되기 시작되었다니 그는 실로 시대를 앞서간 위대한 예술의 창조주이며, 괴짜가 아닌 천재였던 것이 아닐까요?

아르침볼도의 「사계」

잠시 아르침볼도의 그림을 관찰해봅시다. 프라하 궁정에서 황제의 초상을 각 계절에 맞는 동식물로 표현하였다는 「사계」 시리즈는 비발디의 사계처럼 봄, 여름, 가을, 겨울로 제작하였습니다. 온 만물이 소생하는 봄을 파릇파릇한 연두색 잎새와 풍부하고 찬란한 색감으로 새 생명의 시작을 알리듯 부드럽고 여린 꽃잎을 묘사하였지요. 꽃처럼 피어나는 청춘을 말하고 싶어서인지 그는 아름다운 소년의 모습을 꽃으로 장식하였고, 여름과 가을은 풍성한 수확을 표현하듯 제철 과일로 가득 채웠습니다. 과일마다 시절에 맞는 것인지 감상하는 이로 하여금 궁금증과 웃음을 자아내게 하지요. 여름은 한창 기운 넘치는 씩씩한 청년으로, 가을은 삶의 무게가 느껴지는 장년으로, 마지막으로 겨울은 물기가 하나도 없는 마른 가지로 머리카락과 수염, 까칠한 나무의 겉껍질은 거친 노년의 피부를 표현하기에 부족함이 없습니다. 이 외에도 변호사와 물, 불 시리즈도 찾아보는 재미가 있으니 감상자의 관점에 따라 어떻게 해석이 될지 한 번 미술평론가가 되어 작품을 해석해보는 건 어떨까요?

마블이 사랑한 일러스트레이터, 우나영

오늘날 미술계는 그림의 주제뿐만 아니라 재료의 제한을 받지 않아 한국화와 서양화, 회화와 조각의 경계가 모호해졌습니다.

한국화라는 전통적인 재료에 마블 시리즈와 서양 동화의 주제로 그림을 그려 해외에 뜨거운 반응을 일으킨 게임 일러스트레이터 작가가 있습니다.

지난 2019년 4월에 개봉된 어벤져스 엔드게임이 개봉되어 화제인데 2017년 영화 「토르: 라그나로크」의 포스터를 제작하여 헐크의 주인공인 마크 러팔러를 애타게 한 일이 있었습니다.

　'흑요석'이란 필명을 가진 우나영 작가는 영화 또는 게임 캐릭터에 한복을 입혀 한복의 아름다움을 세계에 알린 작가로 "가장 한국적인 것이 가장 세계적이다!"라고 구호를 외친 사람입니다. 마블 영화 포스터를 우리나라 김홍도의 풍속화 「씨름도」에 주인공들을 대입시켜 해학적이고 코믹하게 영화 포스터를 제작한 것이지요. 그는 사람들이 관심있어 하는 흥밋거리를 포착하여 한국적인 것을 세계와 연결을 시키는 것입니다.

　세계와 초연결되는 상황에서 우리 것에 대한 소중함을 알고 그 의미와 가치를 인정하며 존중할 때 비로소 세계적인 시각을 갖게 됩니다. 또한 문화 사대주의나 자문화 중심주의가 아닌 보편적 문화 형성이 가능해집니다. 그리하여 보편성과 특수성을 가진 양면의 문화 예술 작품들이 탄생되는 것이지요.

　우리의 상상력은 과학 기술을 만나면서 더욱 구체적이고 현실화되었습니다. 있을 수 없는 일들이 일어나고 불가능이 가능케 되었지요. 현대 미술가들이 예술에 최첨단 기술 또는 과학 등 다양한 영역과 융합하여 또 다른 획기적인 설치 또는 행위 작품을 만들어낼수록 우리에게 꿈과 유희를 줄 것입니다.

구름을 실내로 초대한 베른드 나우트 스밀더

베른드 나우트 스밀더의 '실내 구름 설치 예술'

　실내에 존재하는 이 구름은 사진도, 컴퓨터 작업도 아닌 포그머신(안개효과를 내는 기계)으로 빈방에 적절한 온도와 습기를 더해 구름을 만드는 퍼포먼스 예술입니다. 작가는 구름을 '사라져버릴, 손에 잡히지 않는 아름다움에 대한 미련'이라고 말하며 유난스레 집착을 합니다.

　"구름이 유동적인 상태로 지속되는 것을 즐겨요. 구름은 일시적인 조각이면서, 거의 무無로 만들어졌죠. 물성의 경계에서 균형을 유지하면서요."라고 베른드 나우트 스밀더Bernd Naut Smilde는 말합니다. 그는 구름의 가늠할 수 없는 본성을 좋아하며 사람들이 수세기 동안 구름에 그토록 많은 의미를 부여한 것도 그런 이유라고 합니다. 불가능을 가능으로 만들기 위해 실체하지 않는 것을 보이는 놀이처럼 가공합니다. 구름에 담긴 많은 사색과 상징을 우리에게 띄워주는 행위예술을 시도한 것입니다.

미래는 다양한 지식의 융합이 요구됩니다. 실내에 구름을 만들어낸다는 것은 구름의 생성 원리를 알고 과학적으로 만들어낼 수 있는 지식을 활용하여 인공 구름을 원하는 장소에 만들어내고, 그것을 활용하여 자신이 원하는 예술작품을 탄생시킨 것입니다. 과학과 예술, 자연이 융합된 것이지요. 다양한 지식의 습득은 여러 경로를 통해 이루어질 수 있으나 그것을 자기 것으로 만들고 활용하는 것은 생각하는 자가 아닌 실천하는 자입니다. 스밀더의 포그 머신을 활용한 인공 구름 생성의 퍼포먼스도 다가올 미래 사회의 다양한 지식과 정보를 어떻게 활용해야 하는지를 잘 보여주는 사례입니다.

　지식은 머릿속에 저장해서 시험 문제를 푸는 것만이 아닌 자기의 꿈과 비전을 실천하기 위해 활용되어야 할 도구이자 수단입니다. 그렇기 때문에 다양한 지식의 섭렵은 미래의 자산에 대한 투자가 되는 것이지요. 자산이 많을수록 부자라는 것, 아시죠?

04

경계가 없는 예술에
파격을 더하다

넥타이는 멜 뿐만 아니라 자를 수도 있으며,
피아노는 연주뿐만 아니라 두들겨 부술 수도 있다. - 백남준

다다이스트 미술가들은 전통적인 미술작품을 비판했습니다. 뒤샹
이 기성품인 변기에 자신의 사인을 하여 작품 「샘」을 전시했던 일화
는 너무도 유명하지요. 그 이후 오늘날 행위 예술의 시초격인 플럭서
스Fluxus가 나타납니다. 플럭서스는 '변화', '흐름'을 뜻하는 라틴어
로 1960~1970년대에 일어난 국제적인 전위예술 운동입니다.

플럭서스 예술가들은 '예술이 특별하다'라는 인식에 반대 입장을 표
명합니다. 그들은 미술관과 미술사가 미술에 권위를 부여한다 생각해
서 미술관에서 미술을 빼내려 하고, 무대공연 위에서 음악을 빼내려 노
력하였습니다. 이를 설명할 가장 좋은 예로 실험 음악가 존 케이지
의 피아노 퍼포먼스를 들 수 있지요.

1952년 피아노 퍼포먼스인 존 케이지의 「4분 33초」는 피아노 연주

자 데이비드 튜더가 어떠한 음표도 없는 악보를 보며 4분 33초 동안 피아노를 연주하지 않고 피아노 뚜껑만 만지작거리고 초시계만 쳐다 보다 시간에 맞춰 퇴장하는 것이었습니다. 관중들은 순간 충격에 휩싸였고, 존 케이지는 침묵과 소음도 음악이 될 수 있다는 것을 말하고자 하였습니다.

그 이후 조지 마키우나스가 1962년 독일의 비스바덴 시립미술관에서 열린 '플럭서스-국제 신 음악 페스티벌'의 초청장 문구에서 '플럭서스'란 단어를 처음 사용하였습니다. 당시 백남준과 함께 한 조지 마키우나스는 플럭서스 페스티벌에서 피아노 연주를 하지 않고 음악을 부숴버렸습니다. 도끼로 피아노를 부수는 장면은 관람객에게 큰 충격을 주었고, 이 사건을 서독 언론에서는 "정신병자들이 탈출했다!"라고 보도했으니 실로 엄청난 충격이었지요.

요셉 보이스, 오노 요코 등 당대 최고 미치광이들의 집단 안에 '동양에서 온 문화테러리스트'인 백남준 작가도 있었습니다. 역사적으로 가

플럭서스 페스티벌 '부서진 피아노'

장 도발적이고 실험적인 예술집단 플럭서스는 음악과 시각예술, 무대예술과 시 등 다양한 예술 형식을 융합한 통합적인 예술 개념을 탄생시켰습니다. 메일아트, 개념미술, 포스트모더니즘, 행위예술 등 현대 예술 사조가 그것입니다. 또한 여러 예술 운동에 많은 영향을 주었지요.

초연결 사회의 특징을 보여주듯 서로 통하는 예술로 백남준은 통합의 매개체로 TV를 선택하였습니다. 서로 통하는 예술에 끊임없이 도전한 그는 동양과 서양은 서로 만날 수 없다는 키플링의 통념을 깼지요. 'bye bye 키플링'을 통해 글로벌 세상에 위성으로 쌍방향 소통이 될 것이라고 예견하였고, 실제로 1977년 「굿모닝 미스터 오웰」이라는 작품으로 세계 최초로 세계를 인공위성으로 생중계하며 상호 소통적인 예술매체로 활용하는 '참여 TV'의 가능성을 제시하였습니다.

자신의 콘텐츠로 자신을 알린다

유튜브는 구글이 운영하는 동영상 공유 서비스로, 사용자가 동영상을 업로드하고 시청하며 공유할 수 있도록 합니다. 당신You과 브라운관(Tube, 텔레비전)이라는 단어의 합성어지요. 2005년 5월에 시작되어 2008년에 한국어 서비스를 시작하였고 10억 명이 유튜브를 사용하고 있습니다. 유튜브를 이루고 있는 3요소는 영상을 제작하는 크리에이터, 제작한 영상을 시청하는 사용자, 영상에 광고를 달고 광고비를 지급하는 광고주입니다.

유튜브는 인터넷이 허용되는 공간에서 지식과 호기심을 채워주는 훌륭한 도깨비 방망이입니다. 미디어를 통해 주제와 목적에 맞는 영상을 표현할 수 있으며 전 세계의 시청자들과 실시간 쌍방향 공감을 할 수 있지요. 오늘날 강력한 소통의 도구인 것입니다.

미래 사회의 콘텐츠는 특별한 것이 아니어도 좋습니다. 내가 가진 재능과 관심 분야에 대한 탐구 과정이 콘텐츠가 될 수 있고, 남들에게 불편을 주지 않으면서 거부감이 없다면 내가 좋아하고 즐기는 과정을 담은 일상의 움직임도 콘텐츠가 될 수 있습니다.

사생활을 침해하고 공익을 저해하는 내용들은 삼가야 하며 글로벌 에티켓을 가지고 서로 다른 다양한 문화를 존중하고 신뢰하며 서로를 격려하는 것이 글로벌 유튜버들이 갖추어야 할 덕목입니다.

자신을 브랜딩하라

1968년 멕시코에서 제19회 하계올림픽이 열렸습니다. 높이뛰기 미국대표로 출전한 딕 포스베리Dick Fosbury는 힘차게 힘 고르기를 한 후 바를 뛰어넘었는데 이때 그를 쳐다보는 관중들은 모두 놀랐습니다. 그는 지금까지 사람들이 알고 있던 방식으로 뛰지 않고 몸을 뒤집어 누워서 하늘을 보는 생소한 기술로 바를 넘었기 때문이지요. 모두가 우스꽝스런 모습이라고 비웃었지만 그는 보란 듯이 세계 신기록을 세우며 우승합니다. 이후 그의 배면뛰기 기술은 '포스베리 플롭Fosbury Flop'이라는 이름을 가지게 되었지요. 그의 이름이 브랜드화된 것입니다.

또한 이탈리아 르네상스를 북유럽에 전파한 최초의 화가 알브레히트 뒤러Albrecht Düre를 주목해볼 필요가 있습니다. 그는 최초의 풍경화, 최연소 화가의 자화상, 최초의 누드 자화상을 그렸으며, 자화상을 미술의 한 장르로 정착시켰습니다. 자신의 사회적 지위, 부와 명성을 과시하는 자화상을 그려 화가의 지위를 높이는 역할도 했습니다.

뒤러의 「모피코트를 입은 자화상」

최고의 패션 리더였던 뒤러는 각 자화상마다 고급스런 옷과 소품, 장신구를 착용하고 자신의 나이와 그린 연도를 알리는 이니셜을 넣었지요. 「모피코트를 입은 자화상」이란 작품에서 미용 전문가에 의해 다듬어진 머리와 고급진 모피 코트, 정면을 응시하는 갈색 눈동자, 완벽한 대칭적 구도가 마치 예수그리스도를 연상케 하는 엄숙한 경외감을 불러일으킵니다. 자존감과 자부심이 가득한 그는 스스로를 '신의 뒤를 잇는 예술적 창조자'라 칭하며 자신의 이미지를 고품격화시킨 인물이라 할 수 있습니다.

교회 주보에서 봤음직한 동판화 작품 「기도하는 손」으로 잘 알려진 뒤러는 르네상스의 천재 화가 레오나르도 다빈치와 견주어 다방면에서 능력을 발휘하여 '독일미술의 아버지'로 화폐에도 나올 만큼 존경받는 인물입니다. 그는 화가가 그림을 그리는 기능공으로 치부되었던 그 당시에 화가의 사회적 인식을 깨뜨렸습니다. 왕족과 귀족, 부호들만 입을 수 있었던 모피코트를 걸친 28세의 젊은 뒤러는 실제 이 그림을 그린 1500년에 사회적 큰 성공을 이루어 세계적 명성을 거머쥐었지요.

 셀프 브랜딩은 자신을 브랜드화하여 내세우는 것을 말합니다. 내가 어떤 모습으로 보이고 싶은가가 중요한 기준이 되며 이는 곧 성공과 직결됩니다. 자신이 어필하고 싶은 이미지와 대인관계, 업무능력, 외모관리, 스펙 등이 자신을 디자인하게 하는 중요한 요소가 되지요. 잘 다듬어진 브랜드는 회사의 이윤을 창출시키듯 개인이 가진 셀프 브랜딩은 자신의 가치를 높이고 성공으로 이끕니다.

 셀프 브랜딩은 나에 대한 철저한 분석과 질문에서 시작합니다.

 나는 누구인가? 무엇을 잘하는가? 어떤 이미지의 사람인가? 어떻게 기억되고 싶은가?를 생각하며 자신의 정체성을 찾고, 현재 나의 이미지를 개선해보세요. 확실한 목표와 꿈을 가지고 현재 내가 할 수 있는 일에 최선을 다하세요. 새로운 것에 대한 도전을 두려워하지 마세요. 도전은 남는 장사예요. 만약 도전하여 실패를 해도 최소한 실패에 대한 경험이 남기 때문입니다. 그것은 미래를 위한 자양분이자 큰 자산을 비축하는 결과가 됩니다.

 긍정의 생각과 자신감 넘치는 언행은 개인의 삶을 빛나게 해주며, 성공의 지름길로 가까이 갈 수 있게 하는 방법입니다. 내 안의 잠재력을 깨워 크고 놀라운 일을 체험해보세요.

05

시대의 흐름을 타면
남과 다를 수 있다

어제 실수를 했더라도 어제의 나도 나이고,
오늘의 부족하고 실수하는 나도 나입니다.
내일의 좀 더 현명해질 수 있는 나도 나일 것입니다.
-방탄소년단의 UN 연설문에서

방탄소년단BTS은 K-POP 역사를 새로 쓰고 있습니다. 2013년 데 뷔해 국내외 신인상을 비롯해 2018 빌보드 뮤직 어워드(세계 공신력 있 는 최고 권위 차트) 연속 톱 소셜아티스트상 수상, 새 앨범이 나온 지 나 흘 만에 빌보드 차트 1위를 하며, 트위터 한국 계정 중 처음으로 팔로 어 수가 1800만 명이 넘는 글로벌 슈퍼스타입니다.

전문가들은 미국에 정식으로 데뷔한 것도 아니고, 현지화 전략도 없 는 그들이 세계적으로 인기를 얻을 수 있었던 비결은 '브랜드 커뮤니 케이션'이라고 분석했습니다. 『콘텐츠의 미래』의 저자 바라트 아난드 는 연결과 융합이 창조하는 시너지에 집중한 효과라고 하고, 와튼 스쿨 마케팅학 교수 조나 버거Jonah Berger는 '전략적 입소문' 법칙에 적용했습니다. 방탄소년단이 성공한 S-T-E-P-P-S에 대해 알아볼까요.

◆S-T-E-P-P-S

소셜 화폐(Social Currency)

계기(Triggers)

감성(Emotion)

대중성(Public)

실용적 가치(Pratical Value)

이야기성(Stories)

소셜 화폐의 법칙이다

이것은 타인에게 좋은 인상을 남겨주는 것으로, 사람들이 입소문을 알아서 퍼뜨리고 싶어 할 만한 내용을 준비하는 것입니다. BTS의 팬클럽인 아미Army들은 '내가 키운 아이돌'이라는 자부심과 책임감을 동시에 갖고 BTS의 음악과 CD를 틀어달라고 요구하기도 했습니다. 이러한 팬클럽의 왕성한 활동은 빌보드 어워드 톱 소셜 아티스트상 수상에도 기여합니다. 그 어떤 광고도 팬클럽의 자부심과 홍보활동을 따라갈 수 없었지요. 아미들의 강력한 힘은 여기서 그치지 않고, 2018년 5월 4일 유니세프에 기부금 1백만 달러(약11억 원) 모금을 이틀 만에 달성했다니 대단합니다.

계기를 만들어라

BTS의 뮤직비디오는 K-POP이 가진 기존의 것들과는 차이가 있습니다. 2013년 가요대제전 무대는 그들의 역량을 알리기에 충분하지 않습니다. 그래서 음반을 판매하기 위한 목적으로 만들어진 것이 아닌 BTS 멤버들 스스로 자신들의 역량을 보여주기 위해 가요대제전 인트로 퍼포먼스를 다시 100% 실현한 별도의 영상을 제작하여 유튜브에 올린 것입니다. 돈도 되지 않는 인트로 퍼포먼스를 무료로 배포하고 그 영상을 보면 누구라도 BTS를 좋아하게끔 아낌없는 투자를 합니다. 또한 3명의 래퍼(RM, 슈가, 제이홉)는 믹스테이프(Mixtape, CD나 음원 유통사이트가 아닌 온라인상에서 무료로 공개되는 노래나 앨범)를 선보입니다. BTS 공식 블로그에서는 얼마든지 공짜로 다운받을 수 있게 제작했지요. BTS의 에너지의 원천은 그들이 사랑하는 음악에 대한 열정입니다. 자신의 음악을 사랑하며 그 열정이 방아쇠가 되어 지금의 월드 슈퍼스타로 떠오른 건 아닐까요?

마음을 움직이는 감성의 법칙이다

BTS의 성공 마케팅은 팬들을 향한 진심에서 시작합니다. 월드스타의 길을 가는 BTS도 매일 하루에 4~5개의 콘텐츠를 올리며 SNS를 통해 그들의 음악과 힙합에 대한 진심을 전달하려고 노력합니다. 그들의 영광이 있는 자리엔 언제나 멤버와 팬들의 사랑이 먼저였습니다.

한 번의 퍼포먼스를 위해 몇 달씩 연습하는 그 모습이 인터넷을 통해 고객과 팬들의 감성을 움직인 것이지요. 하루에 열 시간이 넘도록 죽기 살기로 아니 죽도록 연습합니다. 죽어야 산다는 말이 있듯이 그들은 목숨을 걸고 춤을 추며 진심과 목숨을 다하면 사람뿐만 아니라 하늘도 감동시킵니다. BTS는 자신들이 데뷔할 때부터 함께 해온 팬들에 대한 고마움과 지금의 성공이 팬들이 만들어준 결과라 믿고 팬들의 마음에 공감할 줄 압니다. 시대는 변해도 사람의 마음을 이해하고 공감하는 정서적인 부분은 변함이 없습니다.

대중성의 법칙

아무리 좋은 것이라고 해도 대중들의 눈에 띄어야 쉽게 따라 할 수 있고, 인기를 얻을 수 있습니다. 슈퍼스타의 자연스런 일상을 트위터, 유튜브, 인스타그램이나 페이스북 같은 SNS 채널에 공개해 BTS 팬심을 사로잡고 팬들과 소통하며 마음을 움직이는 것입니다. 팬들은 세계 어느 곳에서든지 BTS를 쉽고 빠르게 찾아 볼 수 있습니다. 자신들을 적극적으로 알리고 더욱 친근하게 느끼게 하려는 것이지요.

실용적 가치의 법칙

사람들은 자신이 알고 있는 정보가 유용하거나 가치가 있다고 여겨지면 입소문을 내고 싶어 합니다. BTS를 사랑하는 아미들은 자신의 우상을 혼자만 알고 싶어 하지 않을 것입니다. 그들의 팬심은 SNS를 통해 자신들의 지식과 느낌, 감성을 공유하게 하고, BTS에 대한 소중한 가치 전수를 위해 무단히 노력한 결과 기적을 만들어낸 것입니다.

흡입력 있는 흥미진진한 이야기를 공유하는 이야기성의 법칙

빅히트 엔터테인먼트의 방시혁 대표는 BTS의 성공비결을 K-POP

고유 가치를 지키고 기본에 충실한 결과라고 말합니다. 그들이 가진 약점을 강점으로 활용하고 연결했다는 것이지요. 힘없는 중소기획사 출신의 BTS가 세계적인 가수로 우뚝 설 수 있었던 것은 광고를 넘은 소셜 미디어의 힘이었습니다. 그리고 기존의 성공 공식을 따르지 않고 창의력과 사람에 대한 진심이 있었기에 가능했지요. 초연결 사회에 맞춰 이들의 성공은 우리에게 여러모로 많은 귀감이 됩니다.

BTS가 전하려고 한 음악은 세대를 대변하는 도구였습니다. 「불타오르네」, 「고민보다 go」, 「봄날」 등의 음악에는 가수들과 비슷한 세대가 느끼는 고민, 갈등, 청춘, 열정을 가사에 실어 힘 있는 안무와 함께 보여줍니다. 건전한 메시지, 긍정적인 영향은 글로벌 팬심을 움직였고 모든 뮤직비디오에는 스토리, 각 소품과 안무 하나에도 의미와 메시지를 담았습니다.

또한 BTS 음악은 사회 전반에 많은 영향력을 행사하는데 특히 경제 시장에서 네트워크 효과(어떤 사람의 소비가 다른 사람의 소비에 영향을 주는 현상)와 FOMO(Fear of Missing Out, 자신만이 어떤 것을 선택하지 않아서 소외되고 고립될지 모른다고 느끼는 공포감)가 대표적입니다. 그래서 BTS의 음악으로 개인화되어 가는 사회에서 동질감을 느끼고 공감대를 형성하며 위안을 받는 심리작용 역할을 하는 게 아닐까요?

대한민국을 넘어 세계를 향하라

BTS는 2017년 11월부터 유니세프와 손잡고 세계 아동·청소년 폭력을 근절하기 위해 시작한 '러브 마이셀프' 캠페인에 동참하고 있습니다. LOVE MYSELF라는 주제로 음반 연작을 냈고 수익의 3%를 유니세프 기금으로 내놓기로 했습니다. 이어 2018년 9월 24일 미국 뉴욕 유엔본부 회의장에서 BTS는 감동의 7분을 선사합니다.

'제너레이션 언리미티드' 발표 행사에서 이뤄진 이 연설은 '나 자신을 사랑하라'는 메시지를 담고 있습니다. BTS의 리더인 RM(김남준)의 연설은 그들의 노래를 들은 팬들에게는 익숙한 문장들입니다.

7분의 연설은 그동안의 활동이 요약되어 있습니다. 아름다운 어린 시절을 지나 음악을 시작하기 전까지 타인의 시선에 길들여져 꿈을 잃어버린 시절을 언급하고, 꿈을 꾸고 진정한 자아를 찾아가는 과정에서 포기하지 않은 것을 감사하다고 말합니다.

'어제는 실수했을지 몰라도 과거의 실수들이 모여 내일은 좀 더 현명할지도 모르겠다. 이 또한 나이며 내가 누구이고 싶은지를 말하라'며 자기 자신을 사랑하라는 말로 마무리합니다.

세상을 향한 인류애는 자기애에서 출발합니다. 나를 사랑하고 이해하며 포용하는 마음을 확산시켜 가정, 학교, 국가, 세계로까지 영향력을 줄 수 있습니다.

방탄소년단의 활약을 보면서 이제 세계는 하나라는 느낌을 더 확실히 받습니다. 우리나라에서 가장 핫한 가수들이 세계에서 인정받고 신곡이 발표되면 동시에 좋아하고 따라 부를 수 있다는 것을 실감했으니까요. 더구나 우리나라 연예인이자 20대 초반의 청년들이 세계의 대중음악계를 뒤흔들고 있으니 우리도 할 수 있다는 자신감과 도전의식이 생깁니다. 한번 생각해볼까요. 나는 어떤 분야에서 이름을 세계에 알릴 것인가!

06

무無에서 유有를
창조할 수 없다

생각은 머릿속에 그리는 것이 아니라
표현하는 것이다.

'디자인은 바늘부터 우주선까지'란 말이 있습니다. 우리 주변에 모든 일상의 물건들 즉 자연물이 아닌 인공물은 다 디자인의 소재입니다. 디자인은 삶 속에서 매우 중요한 부분을 차지하며 때로는 불편함을 해소해주기도 하고, 소소한 즐거움과 기쁨을 선사하기도 합니다. 매우 중요한 의미 전달과 상징을 나타내기도 하지요.

2018년 대한민국 평창에서 동계 올림픽 개최 준비로 바쁠 때에 세계 올림픽 선수들은 금메달을 따기 위해 치열한 경쟁을 위해 노력할 때, 금메달을 디자인하기 위해 땀 흘리며 노력한 디자이너가 있다는 사실을 아시나요?

우리나라 한글을 대한민국의 DNA로 생각하고 자음 씨앗을 심어 자라난 줄기로 메달을 디자인하여 세계를 향해 우리나라의 정체성을 잘 표현했는데 그가 바로 산업디자이너 이석우 대표입니다. 그는 메달 디자인을 다음과 같이 말합니다.

"올림픽 경기와 메달이 꽃과 열매라면, 올림픽에 임하는 선수들의 열정과 인내는 줄기라고 생각한다. 같은 의미로 옆면에 보이는 한글 자음은 한국 문화의 씨앗이자 뿌리를, 메달 표면에 뻗은 줄기 부분은 이러한 문화를 고양시켜온 역사와 정신을 표현한 것이다."

그는 올림픽 메달 디자인 외에도 실생활의 불편한 점을 발견하고 생활의 유익을 주는 다양한 상품을 디자인했습니다. 우산을 쓰면서 핸드폰을 자유롭게 사용할 수 있는 독특한 C형 손잡이 우산, 가장 눈에 잘 띄는 시계 안에 72시간 동안 최소한의 안전을 대비할 수 있는 재난 대비 구급 킷트, 무선 급속충전기, 보이는 조명 CD플레이어 등 기발한 작품들입니다.

"나는 디자인한다. 고로 존재한다. 나는 나눔 디자이너이다."라고 말하는 또 한 명의 디자이너가 있습니다. "디자인의 본질은 남을 위해서 하는 것이다. 기본적으로 이타적인 행위인 것이다. 나의 디자인을 타인이 사용했을 때 행복해하는 것이 디자이너의 행복이다."라고 말하는 그는 바로 나눔프로젝트 ID+IM 연구소의 배상민 KAIST 교수입니다.

배 교수는 세상의 소외받는 자를 위한 자선상품 디자인을 하며 모든 수익금은 100% 기부한다고 합니다. 디자인을 통해서 나눔을 실천하고 가치 있는 디자인이 무엇인지 보여주고 있지요. 디자인의 본질을 이웃사랑과 나눔에 두고 카이스트 교수가 된 후에도 각종 공모전에서 무려 41번이나 수상했다고 합니다. 대표적인 작품으로 물을 줄 시기를 알려주는 롤리폴리 화분, 십자가 형태로 접으면 큐브로 변하는 접이식 MP3, 전기 없이 자연증발의 원리를 이용한 천연 가습기 러브팟, 다양한 회전을 통해 밝기 조절이 가능한 딜라이트 전등갓, 모기퇴치 사운드 스프레이 등이 있습니다. 특별히 제3세계의 난민들을 위해 디자인된 음파 모기퇴치제는 전기 없이도 지속적으로 사용할 수 있는 것이 특징이지요. 십자가 형태의 접이식 MP3는 2008 미국 디자인 시상식 IDEA에서 동상을 받은 애플 아이팟을 제치고 은상을 차지했다고 합니다.

디자인씽킹과 비주얼씽킹

필요에 의한 문제점을 발견하여 관찰하고 이해한 뒤 다양한 대안을 찾는 것을 디자인씽킹이라고 합니다. 확산적 사고와 최선의 방법을 찾는 수렴적 사고의 반목을 통해 문제해결방법을 찾는 것이지요. 이 용어는 미국의 스탠퍼드 대학교와, 하버드 대학교에서 건축 전문가들인 디자이너의 사고방식에 대해 연구하면서 처음 사용되었습니다.

디자인 이노베이션 기업 IDEO의 공동 창업자 데이빗 캘리David Kelley는 '디자인적 사고를 기반으로 인간 중심의 공감을 통해 새롭게 문제점을 해석하고 창의적인 혁신을 촉진하는 마인드셋'이라고 말합니다. 스탠퍼드 디스쿨은 이러한 '디자인씽킹'으로 디자이너를 육성하고 있지요. 앞으로 디자이너뿐만 아니라 모두가 디자인씽킹의 사고방식을 갖춰 나아가야 할 것입니다. 지식과 산업 전반에 걸쳐 확대되어야 할 사고의 개념입니다. 실제로 글로벌 숙박 공유회사인 '에어비앤

비'는 디자인씽킹의 방법으로 초창기 매출의 위기를 극복했습니다.

◆IDEO에서 활용하는 디자인 씽킹 5단계

1단계 감정이입 또는 공감: 어떤 문제에 부딪혔을 때 문제의 본 모습을 파악하고 그 불편함, 고통과 감정을 느끼고 그 문제에 대한 통찰의 단계가 필요합니다. 그러기 위해서는 관찰, 대화, 인터뷰, 지켜보기, 듣기 등의 과정을 거쳐야 합니다.

2단계 문제 정의: 공감단계에서 얻은 통찰을 바탕으로 문제를 제대로 인식하고 본질을 찾는 과정입니다. 문제에 대한 정확한 정의와 진정한 해결은 무엇이고 그것을 위해 필요한 요소는 무엇인가? 이것은 어떤 가치를 제공하는가? 란 질문을 던집니다.

3단계 아이디어 찾기: 문제 해결에 필요한 아이디어를 만들어내는 단계입니다. 이 단계에서 브레인스토밍, 스토리보드 등 다양한 발상 기법을 활용하여 많은 양의 아이디어를 생산하지요. 이때 아무리 작은 생각도 구체화하기, 편견을 버리고 생각의 범주를 정하지 않기, 최대한 많은 양을 만들어내기를 염두에 두어야 합니다.

4단계 시제품 만들기: 아이디어를 빨리 시제품으로 만들어 보는 단계입니다. 이때 시제품은 얼마든지 바뀔 수 있으므로 집착하지 않고, 최소 비용의 최대효과 법칙 즉 가성비를 고려하여 저렴한 비용으로 단순하고 빠르게 일단 만들어보는 것입니다.

5단계 평가 및 반복: 사용자에게 시제품을 보여주고 사용하게 하여 평가와 피드백을 받는 단계입니다. 사용자의 경험과 느낀 점을 듣고 고쳐야 할 점을 발견하고 반복하여 개선해 나가는 단계이지요.

'디자인씽킹'은 기업의 이윤 창출을 위해 필요한 아이디어와 결과물을 얻어내고 개선점을 발견하여 발전해 나아가는 프로세스입니다. 창의적인 문제 해결의 과정에서 개인의 생각과 느낌, 감정 등을 표현하는 방법으로 최근에 많이 이용하는 것이 '비주얼씽킹'이지요.

'비주얼씽킹'이란 간단한 그림(글, 도형, 기호 등)을 시각적으로 이해하기 쉽게 이미지화하는 것입니다. 미래 사회에서는 자신의 생각과 정보를 빠르고 쉽게 전달하는 비주얼씽킹이 효과적이지요. 예를 들면 바쁜 현대사회에서는 뉴스도 카드뉴스를 더 선호하고, 핸드폰 대화방에서 긴 문장으로 설명하는 것보다 함축적인 이모티콘 하나로 표현하는 것이 더 강한 의미전달이 되기도 합니다. 이는 요즘 세대들이 컴퓨터와 전자기기를 많이 사용함으로 인해 텍스트보다 이미지에 많이 노출되고 받아들이는 데 익숙하기 때문입니다.

비주얼씽킹도 질문하기, 그리기, 살펴보기, 발견하기, 공유하기의 단계가 있습니다. '비주얼씽킹'은 좌뇌와 우뇌를 동시에 사용하는 사고법으로, 글과 이미지를 통해 기억력과 이해력을 키우는 데 효과적인 기술입니다. 현재 교육현장에서도 다양한 수업자료로 많이 개발되고 있지요. 교육의 효율성을 높이기 위해 디자인을 융합한 예입니다.

디자인이라는 용어는 지시하다·표현하다·성취하다의 뜻을 가지고 있는 라틴어의 데시그나레designare에서 유래했습니다. 어떠한 목적에 맞게 성취를 이루기 위한 매개체로서의 디자인은 사물이나 그림뿐만 아니라 사고와 행동도 포함합니다. 특정한 사람이 아닌 모든 사람들이 윤택한 삶을 누릴 수 있도록 도와주는 도구와 같은 것이지요.

디자인씽킹을 위한 실천요소

관심과 관찰이 필요하다

디자인이란 생각을 표현해내는 것입니다. 아이디어의 창출 과정에서 제일 기본으로 첫 번째 해야 할 일은 사소한 것을 사소하게 보지 않는 관찰력을 기르는 일입니다. 내 주변의 익숙한 것들이 때로는 새롭게 보일 때도 있습니다. 이때 관심을 갖고, 관찰을 통해 느낀 점과 왜, 어떻게 변화되면 편리하거나 좋을 수 있는지 노트에 기록해보고 이를 주변사람들과 함께 공유하며 토론해보세요. 시간을 두고 자세하게 보는 방법, 우리의 감각기관을 통해 순간적인 이미지를 관찰하는 방법, 형태와 색감, 질감과 무게감 등을 비교하며 관찰하는 방법 등 다양한 관찰 방법을 활용해 봅니다.

그리고 후속활동으로 그날의 관찰 결과를 일기에 기록합니다. 불편했던 점, 필요한 부분, 아쉬운 부분, 관심이 필요한 부분을 찾아 적습니다. 모든 훌륭한 디자인은 이러한 관찰 기록을 통해 탄생했답니다.

관찰을 하기 위해서는 일상의 사소한 것이라도 그냥 넘기지 말고, 등하굣길에 우리 동네 지도를 그리듯 자기의 노선도를 그리고 그 곳에서 무엇을 발견했는지 메모해보는 건 어떨까요? 빵집, 문방구, 서점은 몇 개인지, 곳곳마다 간판과 인테리어의 색도 관찰해보고, 내가 가게 주인이라면 어떻게 디자인을 할 것인지 재미있는 상상을 해보는 거예요. 일상 속에서 스쳐 지나쳤던 소소한 것에도 관심과 애정이 필요로 하며 그 것은 새로운 열정의 부싯돌이 될 수 있답니다.

기본에 충실해야 한다

아이디어를 이미지화하는 과정에서 가장 근본이 되는 것은 '원리의 이해'입니다. 즉 기본에 충실해야 한다는 것입니다. 이것은 당연한 일이지만 의외로 간과하는 경우가 많습니다. 세계적 혁신 전문가인 드루 보이드Drew Boyd와 인간의 뇌에 대해 연구한 제이콥 골든버그Jacob Goldengerg는 "모든 혁신은 공식이며 틀(공식 또는 패턴) 안에서 이루어진다."라고 말했습니다. 공식과 패턴의 기본 틀을 무시한 아이디어는 사장될 확률이 높다는 것이지요.

우리는 매사에 "기본에 충실하자!"란 말을 많이 듣습니다. 이것은 아무리 강조해도 지나치지 않습니다. 그렇기에 지식의 기초를 쌓는 학생의 신분일 때 공부와 독서를 열심히 해야 하는 것입니다. 기초가 튼튼하면 응용력이 생기고 이는 곧 참신한 아이디어를 이미지화하는 원동력이 되니까요.

단순하고 명확하게 전달한다

아무리 창의적이고 기발한 아이디어가 많다 하더라도 표현하지 않으면 쓸모가 없어집니다. 이 과정에서 기발한 아이디어가 추상적인 것으로 여겨져 어렵고 힘들게 느껴지기도 하지만 사실 이에 대한 부담감을 버리고 간단하게 생각해야 합니다. 단순화하면 그렇게 어려운 일이 아닙니다. 먼저 대단한 아이디어를 내려고 애쓰지 말고 일상의 문제점을 찾아내 쉽고 간단하게 그 문제점의 해결책을 생각해봅시다. 그것을 단순하고 명확하게 정리하세요.

　군더더기 없는 깔끔한 디자인을 보면 기분이 좋아집니다. 글자의 형상보다 그림과 사진 등의 이미지를 활용한 디자인이 더 인기가 있지요. 이것은 글자보다 그림이 생각의 표현을 단순화하고 이해하기 쉽게 되어있기 때문입니다.

　미술 용어에서 아이디어를 가시화하여 표현하는 것을 '렌더링 rendering'이라고 합니다. 이것은 산업디자인 영역에서 2차원적 요소를 3차원으로 변환하기 위해 거치는 과정으로 실제 제품으로 출시되기 전의 최종상태를 예상하여 표현한 아이디어의 최종작이라 할 수 있습니다. 우리는 아이디어를 가시화하는 과정에서 이 '생각의 렌더링'을 단순하고 명확하게 할 필요가 있습니다.

　정확한 의사전달을 도와 효율적으로 컴퓨터에게 명령을 전할 수 있는 사고를 '컴퓨팅 사고'라고 합니다. 의사 전달의 중요성을 매우 강조하는 것으로 소통의 문제를 해결하기 위한 가장 중요한 요소라고 할 수 있습니다. 나의 의견을 정확하게 의사전달을 할 수 있도록 생각을 심플하게 재단하는 힘을 길러야 합니다.

실용적 가치가 있어야 한다

　아무리 아름답고 멋이 있어도 쓸모가 있어야 사용할 수 있습니다. 굿 디자인이란 합목적성·심미성·경제성·독창성·질서성이 서로 조화를 이루어 만들어낸 최상의 디자인을 말합니다. 즉 목적에 합당하며 실용성·경제성을 갖추어야 좋은 디자인이란 뜻입니다.

　'가성비'란 단어가 유행하게 된 것은 불과 몇 년 전의 일입니다. '가

196

격대비 성능'의 줄임말로 내가 투자한 비용 대비 사물이나 행위에 대한 가치의 값이 상대적으로 높을 때 쓰는 말이지요.

실용성이란 필요에 의한 사람의 만족도를 높여야 하는 것으로 실용적 가치의 법칙을 가장 잘 활용하는 곳은 바로 백화점일 것입니다. 평소에 할인을 잘 하지 않는 매장에 'SALE'이란 문구가 있다면 일부러 그 물건을 구매해야 하는 상황이 아니더라도 고객들은 지갑을 여는 데 별 고민을 하지 않습니다. 특히 고가의 물건일수록, 세일 전의 금액이 제시되어 할인율의 폭이 클수록 구매 성사율이 매우 높아지지요.

실용적 가치의 심리를 이용하는 마케팅이 많아진다는 것은 그만큼 사람들이 자신의 지식과 가치가 실용적이라는 것을 증명받고 싶어 하는 욕구를 이용하는 것입니다. 새로운 정보로 고부가가치를 창출할 수 있는 유의미한 것일 때 사람들의 실용적 가치를 충족시켜 줄 수 있는 것입니다.

다양한 아이디어 발상법에 적용시켜 본다

창의적인 생각 즉 기발한 아이디어는 발명과도 연관 지을 수 있습니다. 발명은 곧 일상의 불편함을 개선하는 것이며 디자인의 목적이기도 하지요. 다양한 방법으로 아이디어를 창출해 디자인에 적용시켜 보세요. 디자인은 곧 이야기가 되어 여러분의 생각을 적극 표현할 것입니다.

◆아이디어 발상기법

브레인 스토밍법: 떠오르는 아이디어를 자유스럽게 표현하는 것입니다. 이를 실천할 때는 비난과 비판은 금지해야 하는 규칙이 있지요.

브레인 라이팅법: 일명 6.3.5법이라고 하며 6명의 참가자가 각자 3개의 아이디어를 5분 내에 적는 방식입니다. 서로 잘 모르는 참여자들이 편하게 의견을 모을 수 있으며 다함께 의견을 평가하고 선택하는 토론으로 이어집니다.

결점 열거법 및 희망 열거법: 불편한 점, 결점을 기반으로 새로운 아이디어를 발상하는 방법입니다. 결점 열거법을 실행 후 반대 성격의 희망 열거법을 연결하여 진행하면 더 효율적인 아이디어를 발상할 수 있습니다.

체크리스트법: 오스본이 개발한 이 기법은 8가지의 항목(다른 용도, 확대, 축소, 반대, 결합, 형태 바꾸기, 대용, 대치)을 체크하는 것으로 업무를 분석하는 데 도움이 되나 너무 의지하면 발상이 기계적이 될 우려가 있습니다.

고든법: 고든이 고안한 집단적 발상기법으로 브레인스토밍과 같은 회의형식으로 진행하나 리더만이 문제를 이해하고 아이디어 방향을 제시하고 자유롭게 발언하도록 합니다.

스캠퍼 기법: 창의력 증진기법으로 아이디어를 얻기 위해 의도적으로 시험할 수 있는 일곱 가지 규칙을 의미하며 첫 글자를 따서 스캠퍼 기법이라 불립니다.

Substitute - 기존의 것을 다른 것으로 대체하기

Combine - A와 B를 합치기

Adapt - 다른 데 적용하기

Modify, Minify, Magnify - 변경, 축소, 확대해보기

Put to other uses - 다른 용도로 써보기

Eliminate - 제거해보기

Reverse, Rearrange - 거꾸로 또는 재배치해보기.

위의 스캠퍼 기법은 현재 발명교육에서 활용하는 발명의 열 가지 기법과 비슷한 요소가 겹쳐지는데 유사한 점이 있는지 한번 찾아 연결해보세요.

스캠퍼(SCAMPER) 기법		발명 십계
Substitute(대체) •	•	더하기 발명
Combine(결합) •	•	빼기 발명
Adapt(적용) •	•	모양 바꾸기
Modify, Minify(변경, 축소) •	•	재료 바꾸기
Put to other uses (다른 용도 사용) •	•	반대로 생각하기
Eliminate(제거) •	•	새로운 용도 찾기
Reverse, Rearrange (거꾸로 재배치) •	•	크게 하고 작게 하기
	•	폐품 이용하기
	•	불가능한 발명 피하기
	•	남의 아이디어 빌리기

'왜?'라는 질문을 던지는 순간, 원인을 따지게 되고
'어떻게?'라는 물음에 방법을 찾게 되며 '그래서?'라는 질문에
결과를 도출하게 되는 것이지요.
끊임없이 '?'를 던져야 무엇이든 확실하게 이해하고
배움을 깨닫는 '!'가 만들어집니다.

미래 사회의
체인지 메이커가 돼라

미래 사회는 현재의 모습과 확연히 다를 것입니다. 과거 100년 전 사회의 모습과 오늘을 비교해보면 당시로서는 상상도 할 수 없을 만큼 변했으니, 아마 100년 후 사회의 모습은 우리의 상상을 초월한 사회가 될 것입니다. 과학문명에 따른 생활수준의 변화만이 아니라 우리의 의식수준, 시민의 권리 등 인권이 향상되고 권리를 인정받으며, 누구나 의견을 개진할 수 있는 사회가 되었지요.

그렇다면 상상 이상의 변화를 이끄는 사람은 누구일까요? 사회를 변화시키는 주체는 누구일까요? 유능한 과학자들이 획기적인 개발품으로 삶과 인간의 정신을 업그레이드 시킬까요? 아니면 권력 있는 사회 지도층 인사가 무소불위의 지위를 이용해 말 한마디로 세상을 바꿀까요. 설마, 어벤져스 멤버들이 현실로 나타나 지구의 안보를 지켜주면서 인간이 안락하고 편안하게 살 수 있도록 '짜잔!' 하고 뒤집어 놓을 거라고 생각하지는 않겠지요? 그 상상력은 높이 사지만 현실적으로 불가능하기에 일단 패스할게요.

과거 역사에서 보면 사회를 변화시키는 주체는 바로 사회 구성원들입니다. 당면한 문제를 해결하고 결과를 찾아가는 과정에서 사회의 변화를 이끌고 주도해 나갔습니다. 신분제 사회에서 평등한 사회로, 독재시대를 끝내고 민주사회로 변모시키며 묵살된 인권을 살리기도 했습니다. 산업의 발달을 가져왔으며 기술을 최첨단까지 끌어올렸지요. 모두 하나의 문제의식에서 출발한 것들입니다.

사회를 알지 못하면 변화의 필요성을 인식하지 못합니다. 사회적 문제에 관심을 가지고 공유하고 공공의 이익을 위해 문제를 개선해 나갈 때 변화가 가능합니다. 개인은 약하지만 사회 구성원들 하나하나가 모여 큰 힘을 발휘하는 것입니다. 생각을 바꾸면 세상이 바뀌게 되는 것이지요.

You are a Change Maker!

01

자기 목소리 내는 것을
두려워마라

좋으면 좋다,
아프면 아프다 말하자.

아기의 행동패턴은 크게 세 가지 형태로 나타납니다. 울거나, 웃거나, 잠자거나! 배고픔, 추위, 더위 등 욕구불만은 울음으로, 즐거움, 포만감으로 만족스러우면 웃음으로, 모든 것이 안정된 상태에서는 잠을 잡니다. 단순한 세 가지 표현만으로도 엄마는 아이가 무엇을 원하는지, 불만족스러운 것이 무엇인지, 어떻게 해주어야 하는지 한눈에 알아봅니다. 신의 경지에 이른 엄마들의 이해력 탓인지 모르겠지만 아기들은 간단한 의사표현만으로 의사소통이 되는 것이지요.

우리는 어떤가요? 어떤 필요나 불만, 불편함 등이 있을 때 자기의 의중을 잘 표현하고 있습니까? 안타깝게도 청소년들은 사회규범이라는 울타리에 갇혀 소리내기를 거부하거나 누군가에 의해 틀어 막힌 입을 벌리지 못하고 있습니다.

'아, 머리 염색이 허용되면 좋겠어!'

'모두 단결해서 수능에 대해 거부권을 행사하면 교육제도가 달라질 거야!'

'성적으로 등급을 나누다니. 1등급, 2등급… 자체가 인간을 구분하는 것 같아 기분 나빠!'

우리가 경험하는 불합리한 것들에 대해 청소년의 소리내기를 해보면 어떨까요?

어른들이 모든 것을 통솔하며 해결책을 제시할 것 같아도, 어떤 문제에 대해서는 특히 청소년의 심리나 교육제도의 불합리에 대해서는 인지하지 못하는 경우가 많습니다. 그 시기를 겪었지만, 시대와 세대가 다르기 때문이지요. 여러분이 생활 속 불편함을 표현하지 않으면 잘 알지 못해요. 사회 기득권에서 여러분을 바라보는 시각은 다르니까요.

불편함을 해소하는 것을 넘어 사회 변화의 시작

여러분의 목소리 내기는 개인의 불편함을 해소하는 것을 넘어 사회를 변화시키는 시작이 됩니다. 하나둘 촛불이 모여 사회를 변화시키기 위한 발판을 마련했던 것처럼 불만과 불편, 불합리한 것들은 개선시키고 발전을 이루어낼 수 있는 것입니다.

목소리 내기는 공공의 편익을 위한 것일 때 더욱 가치가 커집니다. 개인의 이익을 위한 것도 필요하지만 지나치게 개인을 강조하다 보면 공감을 얻지 못하고 불평, 불만의 나열에만 그칠 수 있습니다. 그렇게 되면 소리내기가 아름다운 하모니가 아닌 듣기 싫은 소음, 불협화음을 만들어내지요. 오히려 이것은 갈등을 불러오고 분열을 야기시킵니다. 여러분이 올바른 소리를 내기 위해서는 어떻게 해야 할까요?

관심 갖기: 우리 주변에서 일어나는 사건이나 현상에 대하여 평소 관심을 갖고 남의 일이 아닌 내 일이라는 생각으로 바라보아야 합니다. 관심에서 멀어지는 무관심이 변화를 가로막는 최대의 적입니다. 묵인이나 무조건적인 수용도 마찬가지지요. 당장은 나와 관련이 없는 것처럼 생각되는 것들도 언젠가는 아주 밀접하게 다가올 수 있습니다. 예를 들어 초등학생 때는 멀게 느껴지던 대학 입시제도의 변화가 고등학생이 되면 매우 밀접한 사안이 되는 것처럼 말이지요.

기록하기: 주마간산으로 바라보던 일상들은 지나가면 잊히게 됩니다. 변화를 위한 근거가 필요하며, 그것이 바로 기록입니다. 사소하고 작게 느껴지는 것들도 하나하나 기록해보세요. 기록들이 모여 변화를 위한 데이터가 만들어지는 것이며 변화가 시작되는 것입니다. 소리내기를 통한 변화를 말하려면 그것이 필요한 이유와 근거를 제시해야 하는데 기록이 유용하게 사용될 수 있습니다. 예를 들어 학교 앞에 횡단보도가 없어 학생들이 길을 건너는데 불편함이 있다고 해봅시다. 그러면 학생들을 대상으로 설문조사를 실시하고 학교 앞에서 일어났던 크고 작은 사고의 횟수라든지, 위험천만한 상황들을 목격했다면 그것들과 관련된 자료를 다 기록해야 합니다. 그 데이터를 가지고 횡단보도 설치 요구의 소리내기를 할 수 있는 것이지요.

공감대 형성: 앞서 이야기했던 것처럼 소리내기가 개인의 이익만을 위한 것이 아니라 공익 목적을 위한 것일 때 더욱 의미가 있고 받아들여질 가능성이 큽니다. 그러기 위해서 필요한 것이 공감대 형성으로, 소리내고자 하는 주제에 대하여 주변인들과 관심 있는 사람들의 마음을 하나로 모으는 것이 중요합니다. 캠페인이나 설문조사 등이 좋은 방법이지요.

실제 있었던 일화를 전해드리자면, 예전에는 교복에 이름표를 박아서 떼어낼 수 없도록 했습니다. 교복을 입고 다니면 누구든지 학생의 이름을 볼 수 있었지요. 편의점을 가더라도 자신의 이름이 공개적으로 노출되는 것입니다. 자신의 의도가 아니라 학교 규율에 의해서 말이지요. 이것의 문제를 인식한 어느 학생이 부모를 통해 인권위원회에 이의를 제기했고, 인권위원회는 공청회를 거쳐 문제가 있다는 의식에 공감했습니다. 그래서 교복의 이름표가 탈부착식으로 바뀐 것이지요. 이는 이전 세대가 불합리한 사항에 대해 자기 목소리를 냈기에 가능한 일이었습니다.

조선시대 대표적인 소리내기는 만인소라 할 수 있습니다. 2차 수신사로 일본에 다녀온 김홍집은 황준헌이 지은 『조선책략』을 받아 이를 유포하는데, 『조선책략』의 유포로 고종과 대신, 관료들이 미국과의 수교에 관심을 갖게 됩니다. 그러나 이만손을 중심으로 하는 경상도 지역 유생들이 정부의 개화정책에 반대해서 상소문을 올리게 되는데 이것이 영남만인소이지요. 이는 당시 유생들이 개화에 반대하는 공감대를 형성하여 소리내기를 했던 것으로, 대표적인 위정척사운동이었습니다.

　소리를 내었다고 반드시 성공하는 것은 아니지만 침묵으로 일관하는 것은 스스로 주권자임을 포기하는 것이며, 정체성을 잃게 되는 길입니다. 원하는 사회, 바람직한 사회로 이끌기 위해서는 자기 의견을 목소리로 표현해야 합니다. 한 명의 뜻있는 사람이 앞장서면 같은 의견을 가진 사람들이 동참하게 됩니다. 자신이 꿈꾸는 사회는 멀고 먼 이상향이 아닙니다. 여러분이 실천해 나갈 때 이루어지는 것입니다. 정치권이나 사회는 다수의 의견을 반영하여 나가는 것이니까요.

02

바꿀 수 있다는 희망으로
변화를 이끌어라

학교의 주인은 나,
내가 바꿀 수 있다.

앨빈 토플러는 『부의미래』에서 사회 각층의 변화 속도를 이야기합니다. 기업의 변화 속도가 100마일이라면 공교육은 10마일로 표현되고 있습니다. 기술개발에 따른 기업과 시민의식의 변화보다 학교의 변화는 그만큼 더디다는 것을 의미하는 것입니다. 그만큼 교육을 바꾸는 것이 쉽지는 않다는 반증이겠지요.

미래를 걸머진 학생들 입장에서는 '이럴 수가!'를 외치며 가장 빠르고 민감하게 적용되고 효과를 봐야 할 교육이 변화에 가장 뒤처진다는 사실이 믿기지 않을 것입니다. 그러나 이것이 현실입니다. 그렇기 때문에 여러분이 보고 느끼고 경험한 것들을 토대로 교육현장의 변화를 이끌어야 합니다. 목청을 돋우어 청소년의 소리내기를 실행해야 한다는 것이지요. 제가 이렇게 말하면 여러분은 이구동성으로 외칩니다.

"우리 목소리가 반영될 리 없어요!"

"휴대폰도 자유롭게 못 쓰는데요?"

"급식만족도 조사를 해도 바뀌는 것이 없는데요?"

이외에도 여러분의 불평은 쏟아집니다. 학생의 입장에서 학교나 교칙, 규율과 제도가 한두 가지 문제점을 안고 있는 게 아니니까요. 제가 만난 어느 학생의 꿈은 교육부 장관이 되는 것이었습니다. 학교 현장의 문제점을 뜯어고치고 싶다는 의지를 가지고 있었지요. 그런데 그 학생이 교육부장관이 되면 세대가 바뀌어 그 시대의 청소년 문제를 적확하게 인식할 수 있을까요? 어렵다고 봅니다. 그렇기 때문에 여러분이 직접 목소리를 내고 학교를 변화시켜야 한다는 것입니다.

혹시 여러분은 학생자치기구의 활동에 적극적으로 참여하고 있나요? 학급 회의에서 자신의 목소리를 잘 내고 있나요? 아니면 형식적으로 참여하나요? 자신의 생활을 한번 뒤돌아보세요. 과연 내가 학교 변화를 위해 어떤 노력을 했는지, 다른 사람의 의견에 내가 얼마나 공감해주고 격려해주었는지….

자기결정 역량과 책임의식

서울시교육청에서는 학생을 '교복 입은 시민'으로 표현하고 있습니다. 교복을 입은 학생도 권리의 주체이며 나아가 시민으로서의 권한과 책임을 동시에 갖고 실천하는 주체로 인정한다는 의미이지요. 또한 학생들의 자기결정 역량과 책임의식을 존중하고 민주시민으로서의 성장을 돕고자 다양한 프로그램을 진행 중이라고 합니다. 서울시교육청뿐만 아니라 대부분의 교육청에서도 유사한 정책들이 이루어지고 있습니다. 그만큼 청소년들이 학교를 변화시킬 수 있는 기회가 많아지고 있다는 것이지요.

또한 서울시교육청에서 시행하고 있는 학생참여 예산제는 학생들이 학교 예산 운영에도 참여할 수 있는 기회를 제공하고 있습니다. 이 제도를 잘 활용하여 학생회 활동의 활성화를 돕고 그것이 결국 학교 변화의 시작이 될 수 있는 것이지요.

최근에는 학교 협동조합도 많이 만들어지고 있습니다. 서울특별시 조례를 볼까요?

'학교협동조합'이란 [초·중등교육법] 제2조에 따른 학교를 기반으로 하여 공통의 경제적, 사회적, 문화적, 교육적 필요와 욕구를 충족시키고자 학생, 교직원, 학부모, 지역주민 등이 설립한 [협동조합기본법]상의 협동조합 또는 협동조합연합회(사회적협동조합, 사회적협동조합연합회 포함)를 말한다.

청소년이 교육의 주체로 다양한 교육문제를 스스로 해결함으로써 교육 자치를 실현할 수 있는 것입니다. 경기도에 있는 평택고등학교에서는 '평택고 아침노을 매점'이라는 학교 매점을 학교협동조합에서 운영하며 그 수익을 학생 복지와 학교 발전에 활용하고 있습니다. 사회 분위기도 학교의 변화를 요구하고 학생들이 참여할 수 있는 기회가 확대되고 있어 여러분이 학교 변화의 주역이 될 수 있는 것입니다.

최근에는 학교 공간의 재구성을 통한 천편일률적인 학교 건물의 특징을 다양하게 변화시키려는 움직임도 일고 있습니다. 이 과정에서도 학생들이 참여하여 구성원으로서 누릴 수 있는 쾌적하고 유익한 환경 조성을 통해 학교생활의 만족도를 높일 필요가 있겠지요.

문제는 여러분이 직접 참여해야 한다는 것입니다. 귀찮다고 회피하거나, '나 하나쯤 빠져도 별 문제 없겠지.'라는 생각이 이 좋은 제도를 무산시킬 수 있습니다. 올바른 제도가 정립되기 위해서는 적극적인 참여가 동반되어야 합니다. 동참하여 더 나은 방향성을 제시할 때 여러분이 원하는 환경이 가꾸어진다는 사실을 기억하기 바랍니다.

03

문제는 변화를 꿈꾸는 자에게
보이고 들린다

주변을 살피면
불편함이 보인다.

공교육의 다변화에 발맞춰 창의적 체험활동의 활성화와 자유학기제 등이 시행되고 있습니다. 일각에서는 공부가 아니라는 비판도 나오고 있으나 학생들이 사회를 경험하고 자신의 진로나 성숙한 시민으로서의 역할 등을 접할 수 있는 계기로 삼을 수 있다는 긍정적인 요인이 있지요. 실제로 봉사활동이나 체험활동 등 학생들이 참여할 수 있는 기회가 많이 제공되고 있습니다. 학생들은 이를 통해 막연했던 사회를 알아가고 사회구성원의 역할에 대해 배워가고 있는 것입니다. 그로 인해 지역사회 활동의 참여는 물론 정치적 이슈에도 관심을 가지고 소신 발언을 하기도 하며, 핵심 쟁점에 대해서는 집회에 참여하는 등 청소년의 적극적인 활동이 주목받고 있지요. 나라에서는 이를 감안해 선거연령을 만 18세까지 하향하자는 논의가 나오고 있습니다. 우리나라에서도 청소년 참정권이 보장되고 확대될 것 같습니다.

그러나 사회에 대한 배경지식이 열악한 청소년들은 지나친 문어발 식의 활동과 참여보다는 깊이 있는 관찰과 고민을 통한 유의미한 활동 이 필요합니다. 한 단계씩 공부하고 알아가며 자신의 주관을 세우는 방 향이 좋습니다. 한쪽으로 치우친 성향만을 접하다 보면 편향되고 기울 어진 사고에 물들기 쉽기 때문이죠. 사회에 한걸음 내딛는 의미로 사 회 참여 과정을 살펴봅시다.

사회 참여 과정	
문제점 찾기 문제인식 및 활동선택	-우리 주변의 문제점, 불편 찾기 -문제발생원인, 관련 기관 알아보기
⋮	
관련자료 조사 사전조사 및 문제분석	-관련 정보 및 정책 조사 -문제에 대한 한계점 파악
⋮	
공공정책 만들기 대책마련 및 계획수립	-해결방안 제시 -공공정책(목표) 제안
⋮	
실천하기 활동하기	-다양한 방법을 통한 홍보 및 실천 -보고서 작성
⋮	
활동평가 피드백 및 추후계획수립	-피드백 -추후활동계획(지속 or 새로운 계획)

우리 주변에서 일어날 수 있는 문제점들을 찾고 관련된 자료를 조사 합니다. 그리고 해결을 위한 공공정책을 만들어보고 캠페인이나 보고 서 작성 등을 통해 실천해보는 것이지요. 마지막으로 활동에 대한 평 가가 이루어져야 합니다. 이때 나라의 정책적 현안보다, 우리 학교, 우 리 지역의 문제점으로 시작하는 것이 좋습니다. 일단 직접적으로 접

할 수 있는 문제이고, 주위나 주변에서 관련자들을 접하기 쉬워 조사가 용이합니다.

또한 정책이 수립되는 과정이나 문제점이 개선되는 상황을 지켜볼 수 있지요. 문제 상황의 심각성에 따라 지역민들의 공감을 얻을 수 있고 빠르게 문제가 해결되기도 합니다. 동참과 협조가 사회 변화의 마중물이 되는 것입니다.

◆사회 참여 시 고려할 점

1. 활동 주제는 내 주변에서 찾아요.
2. 주제는 작은 것부터 시작하세요.
3. 실천할 수 있는 방법을 찾아요
-설문지, 서명운동, 청원서(탄원서) 제출, 1인 시위, 언론보도, 정책결정자에게 편지쓰기, 캠페인 활동, 선언문 발표, 지역사회전문기관(시민단체)과의 연계 등

구체적인 사례 활동

은혜중학교의 청소년 사회참여 활동 사례를 살펴볼까요?

'부락'이라는 명칭의 역사적 의미를 알게 된 중학생들로부터 촉발된 사회개선운동입니다. 일제 때 우리나라에 고착되어 현재까지 사용되는 단어라 누구도 문제제기를 하지 않았던 것이지요. 지금까지 이어져 내려오는 명칭이라서 문제의식을 가지지 못한 채 우리 문화처럼 이

어가고 있었던 것입니다. 그러나 역사를 배우는 학생들은 단어를 사용하게 된 계기가 일본의 계략이었다는 사실을 아는 순간 바로 잡아야 한다고 인식했습니다. 몇몇 학생들이 주축이 되어 조직을 만들고 선생님의 조언을 구했습니다.

'부락'이라는 명칭은 이 지역에서만 사용되는 것이 아니기 때문에 전국에 있는 부락 사용 마을 입간판을 보는 대로 제보를 받고 그것을 바꿔보자는 취지에서 진행했던 활동입니다. 이 활동은 역사에 관심이 많은 역사동아리 학생들로 진행이 되었지만 특정 과목에만 편중되지 않고 전 영역에 걸쳐 진행할 수도 있는 것이지요. 당연히 국어활동과 연관되고, 개선을 위한 설문과 정책 제시는 사회와 법 과목에, 소요비용 예상치를 뽑는 과정에서는 수학의 통계를 활용하지요. 이렇게 전 교과목이 연계되어 하나의 활동으로 이어집니다.

또 다른 활동도 알아볼까요? 중·고등학교 학생들이 하나의 주제로 연합하여 진행했던 내용으로 디자인까지 모두 학생들이 만든 작품입니다.

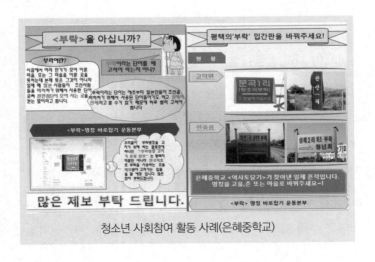

청소년 사회참여 활동 사례(은혜중학교)

이 활동은 자신이 살고 있는 지역에 대해 무관심했던 한 학생의 제안으로 지자체에서 실행하게 된 것입니다. 평소 역사에 관심 없던 학생이 시험공부를 하며 자신이 살고 있는 지역에 위인들이 살았다는 것을 알게 됐지요. 자기가 그동안 얼마나 매력적인 곳에서 살고 있었는지 깨달은 것입니다. 자신과 같은 사람들을 위해 그것을 알릴 방법을 고민하게 됩니다. 다른 지역의 '박지성길', '충무로', '퇴계로' 등 지명과 연관 지어 위인들을 기억할 수 있는 방법이 있다는 사실을 찾게 되고 도로명 주소를 그 지역과 관련된 위인들의 이름으로 바꿔보면 어떨까 하는 생각을 나눕니다.

교과 선생님과 지역 문화원 등 관련 기관들의 자문을 얻고 자료를 제작해 교내 및 지역 행사 등에 꾸준히 참여하여 캠페인 활동을 벌여 내용을 알렸습니다. 비록 도로명 주소를 학생들이 바꿀 수 있다는 것은 상당한 시간과 노력이 필요하지만, 그것을 알리는 과정에서 지역에 대한 지식이 확대되고 지역 주민들의 관심을 유도할 수 있다는 것이 큰 의미가 있는 것입니다. 또한 도로명 주소 우수 활용사례로 선정되어 행정안전부 장관상을 수상하기까지 했습니다.

위 두 사례는 사는 곳이 남달랐기 때문이라고요? 일반적인 곳에서는 그런 아이디어가 나올 수 없다고요? 천만에요. 눈을 크게 뜨고 귀를 활짝 열어보세요. 문제의식을 가지고 보면 보이고 들립니다.

아주 사소하지만 전 국민의 의식을 바꾼 예를 들어보면 크레파스나 물감에서 쓰이던 '살색'의 이름을 바꾼 사례가 있습니다. '살색'은 하얗고 뽀얀 피부색을 의미하기 때문에 인종문제를 야기시킨다는 주장 아래 인권문제와 연관되어 현재는 사용을 금지하고 있습니다. 이 문제를 제기하기 전에는 이 점에 대해 문제의식을 가지지 못했던 것이 사실입니다. 사람얼굴을 그리고 살색으로 칠하는 것이 당연해 보였지요. 그러나 문제제기를 듣고 나니 정말 살색은 하나로 통일될 수 없는 말이었습니다. 대다수 사람들의 공감을 얻었지요. 그리고 결국 살색은 연주황색이라는 새로운 이름을 갖게 되었습니다.

어때요. 무릎이 탁 쳐지는 제안들이지요? 더구나 이런 문제를 제기한 사람들이 대단히 훌륭하거나 위대한 사상을 가진 사람들이 아니라 바로 여러분 자리에 앉아 있는, 옆에서 같이 장난을 치던 친구들이었습니다. 특별히 남다르지도 않은 학생들이 이런 사회변화를 이끈 것입니다.

성공과 실패 여부를 떠나 다양한 사회 문제와 현상에 관심을 갖고 그것을 해결하기 위한 여러 방안을 찾아보고 변화시키기 위한 작은 노력을 하면 됩니다. 이것이 훗날 성인이 되었을 때도 지속적으로 사회 문제에 관심을 갖게 하는 원동력이며 사회를 변화시킬 수 있는 힘이 되는 것이지요. 가만히 있으면 변화하지 않습니다. 안분지족의 소극적 삶을 살 것인가, 변화의 주체가 되는 적극적 삶을 살 것인가는 여러분의 선택입니다. 중요한 것은 내 삶은 스스로가 만들어 간다는 의지입니다.

사회의 부조리를 보고 가만히 있기만 한다면 삶의 주인공으로서의 여러분이 아닌, 사회의 노예가 될 수도 있습니다. 청소년의 소리내기를 통해 따뜻하고 밝은 사회를 만들 수 있습니다. 자신을 믿어야 합니다. 믿음이 곧 용기가 되는 것입니다.

04

학교교육을
최대한 활용하라

내가 알아야 할 삶의 기본은
학교에서 배운다.

학교는 우리가 사회로 나아가기 전 사회화 과정을 배우기 위한 것으로 사회의 축소판입니다. 살아가는 데 필요한 기본지식과 교양, 인간관계 등 수업시간이나 교우관계를 통해 몸으로 체득해 나가는 것이지요. 그러기 위해서 학교 교육과정과 수업, 평가 등 학교생활 전반에 걸쳐 다양한 활동들이 이루어집니다.

과거 주입식 교육에서 탈피해 최근에는 사고를 확장시킬 수 있는 교육과정의 효과적 설계와 운영 등이 이루어지고 있습니다. 급변하는 사회의 변화를 반영한 것이지요. 결과보다는 과정을 중시하고, 과정 속에서 다양한 역량을 기르며 발전적으로 나아가고 있는 것입니다.

이론보다는 실기나 실습, 수행을 기본 토대로 하기 때문에 교육의 효율이 극대화되고 있습니다. 학생들이 다양한 활동들의 내용을 이해하고 적극적으로 참여하면 크게 도움이 될 것으로 확신합니다.

토론하며 상대를 이해하고 생각을 나누는 하브루타

'하브루타'는 짝을 지어 질문하고 대화하며 토론하는 것을 의미합니다. 어떤 내용을 학습한 후 기억에 남는 비율은 강의식이 5%, 경험을 통한 이해가 70%, 다른 사람을 가르치는 것이 90% 정도라도 합니다. 상대방이 하는 말을 듣고 그것에 대해 질문하고 반론하는 과정에 있는 하브루타식 학습방법은 상대를 설득하면서 자신의 논리를 설명하기 때문에 가르치는 영역에 해당합니다. 즉, 일방적으로 교육하는 방법보다 학습 효율이 높다는 것이지요.

하브루타의 핵심은 질문입니다. 질문을 통해 학습자의 신경 세포를 자극하고 질문이 또 다른 질문을 낳게 합니다. 어떠한 대답이라도 질문에 대하여 고민하고 계속 이어지는 질문을 통해 지식과 정보를 구조화해 가는 것입니다. 개인의 생각이기 때문에 틀린 대답은 없습니다. 어떠한 질문이나 대답도 존중받아야 하지요. 그렇기 때문에 자신의 생각과 의견을 명확하게 이야기하는 것이 중요합니다.

두 번째, 주제를 잘 선정해야 합니다. 상대방과 서로 이야기 나눌 수 있는 주제를 정하고 해당 주제와 관련된 내용을 조사하고 학습해서 서로 질문하며 토론하는 것이지요. 모두 관심 있고 중요하게 생각하는, 상대방이 관심 가질 만한 이슈가 되는 주제를 정해야 합니다. 독서 활동 후에 하브루타로 활동하는 것도 좋고 일상생활에서 발생하고 있는 현안들에 대하여 관심을 갖고 토론하다 보면 배움과 생활과의 연결이 자연스럽게 이루어집니다. 사실의 여부를 가지고 토론하는 사실 논제와 법 제도와 규칙이나 규율을 논하는 정책논제, 개인의 가치관과 관련된 가치 논제가 있습니다. 다양하게 접근할 수 있습니다.

주제는 찬성과 반대가 명확한 것을 선택해야 논쟁으로 이어가기 쉽습니다. 사회적으로 이슈가 되거나 생각해봐야 할 문제에 대해 다루면 호기심이 생겨 참여자들이 적극적으로 토론에 임하게 되지요.

하브루타는 말다툼이 아니라 논쟁을 하는 것이 중요하기 때문에 자신의 감정을 드러내지 않고 토론하는 것이 필요합니다. 토론을 진행하면서는 상대방의 의견에 경청하면서 주장의 핵심을 파악하고 반대 논리를 준비하여 대답하는 것이 필요합니다. 토론 과정에서 오가는 의견들을 메모하는 습관도 필요합니다. 그래야 중언부언 하지 않고 중요 포인트를 잡아 상대방에게 핵심 주장을 전달할 수 있답니다.

주장의 근거는 추상적이고 단순한 나의 주장이 아니라 객관적이고 확실한 데이터를 활용하여 제시하는 것이 설득력이 있습니다. 또한 자신의 주장을 뒷받침해주는 근거를 제시하고 상대방의 의견에 겸손하면서도 자신감 있는 모습으로 반론하면 평가에서 좋은 결과를 얻을 수 있지요.

토론을 마친 후에는 상대방에게 수고했다는 의사 표현을 해주고 토론 이후에도 논쟁이 지속된다면 2차 토론을 제안하는 것이 좋습니다. 절대 감정적으로 이야기해서는 안 됩니다. 시작과 끝이 아름다운 토론이 좋은 것이지요.

실생활 적용으로 배움을 실천하는 PBL

PBL은 일반적으로 Project Based Learning을 말합니다. 특정 주제에 대하여 학생들이 탐구를 통한 심화 학습을 진행하고 활동의 결과물을 만들어내며 배움을 찾아가는 학습 방법입니다. 주제 중심의 프로젝트학습인데 주제가 주어지기도 하고 모둠이나 개인별로 주제를 선정하는 경우도 있습니다.

주제를 선정해야 하는 경우는 자신이 살고 있는 생활 주변에서 찾아내는 것이 좋습니다. 교과에서 배우는 지식들이 실제 생활과 어떤 연관이 있고, 어떻게 적용하여 우리의 삶을 윤택하게 이끌고 있는지 확인하며, 미래를 대비해 나갈 수 있기 때문입니다. 우리의 생활과 직접적으로 연관되는 주제이기 때문에 배경지식을 활용할 수 있다는 장점도 있습니다.

모둠별로 진행되는 경우 각자의 역할이 중요합니다. 절대로 무임승차 자가 발생해서는 안 되며 그것을 방지하기 위해서는 작고 사소한 것까지 역할을 나누어 진행해야 합니다. 필요한 역할을 정하고 각자 잘할 수 있는 역할을 맡아 담당하는 것이 서로의 불만을 줄이는 방법입니다.

서로의 협력을 최대로 끌어내야 한 마음으로 참여할 수 있습니다. 앞서 언급했던 관계 기반 협력적 리더십이 필요한 순간이지요. 각자의 역할을 정했다면 책임감을 가지고 수행해야 합니다. 다른 멤버들의 상황에 협조하고 정해진 진행 계획에 따라 일일보고서를 작성해가며 서로의 상황을 점검하며 진행해야 합니다. 점검 과정에서 발견되는 부족한 부분을 바로 보완해가야 하지요. 체크만 하고 보충과 보완이 이루어지지 않으면 진행과정에 차질이 생길 수 있고 결과가 다른 방향으로 나오기도 합니다. 의견수렴 과정과 자료조사 부분은 포트폴리오로 만들어 전체 프로젝트에 대한 피드백과 다음 프로젝트를 위한 참고자료로 활용할 수 있습니다.

프로젝트가 완료되면 전체 보고서를 작성하고 각 활동들의 핵심 포인트를 사진이나 글로 정리를 하는 것이 좋습니다. 또한 보고서를 한 페이지로 정리하도록 하세요. 한 페이지 안에 프로젝트의 시작과 끝이 담겨질 수 있도록 일목요연하게 구조화하고 유목화하는 것이 필요합니다. 기대했던 결과물이 나오지 않더라도 프로젝트를 진행하는 과정에서 얻어지는 배움에 큰 의미를 부여하는 것이 PBL의 특징이므로 진행되는 과정 과정에 최선을 다하는 것이 중요하고 기록을 잘 해야 합니다.

미디어 수업은 촬영보다 기획이 중요하다

최근 유튜브 열풍으로 학교 현장에서도 유튜브를 활용하거나 동영상 ucc 촬영 등 미디어를 활용한 수업이 한창입니다. 역사적 한 장면을 설정하고 모둠원들이 역할을 나눈 후 적당한 장소에서 **촬영**을 하고 자막을 입혀 교실에서 공유하거나, 외국인과의 인터뷰를 촬영하고 발표하는 등 각 교과별로 다양하게 진행됩니다. 이 과정에서 중요한 것은 물론 멋지고 세련된 영상의 결과물이겠지만 점수를 높이 받기 위한 팁은 주제 선정과 전달 내용 즉, 콘텐츠와 기획입니다.

영상을 제작하는 이유를 생각해보면 간단합니다. 동영상을 촬영하고 편집하는 미디어 기술 활용 능력도 중요하지만 일반 교과에서는 중요한 요소가 아니지요. 영상을 제작하는 과정에서 주제에 대한 자료를 찾고 스토리보드를 작성하면서 교과 지식을 습득하고 배움이 일어나게 하는 것이 핵심입니다. 그런데 영상을 제작하는 과정에서 기획서를 작성하는 것보다 촬영과 편집에만 신경을 집중합니다. 그것은 주객이 전도된 것으로 특정 교과를 제외하고는 제작 과정에 초점을 두는 것이 일반적이지요.

영상 제작과 편집은 최근에는 다양한 툴이 제공되어 비교적 쉽게 기본 제작이 가능해졌기 때문에 특정 기술이나 효과를 주지 않는 한 결과물이 비슷한 수준입니다. 차별화가 드러나는 부분은 내용과 기획력이지요. 예를 들어 수백 억 원의 예산을 들여 제작된 영화가 흥행에 실패하는 경우도 많고 적은 예산으로 만들어진 영화가 많은 관객의 사랑을 받는 경우도 있습니다. 이는 기획과 연출의 차이라 할 수 있지요.

수업에서 중요하게 다루는 부분도 주제를 얼마나 효과적으로 전달하는 것입니다. 다시 말하지만 "이 영상을 왜 찍는 거지?"가 중요해요. 주제와 관련된 자료들을 찾아내어 영상 제작에 필요한 내용들을 선정하고 자연스럽게 내용이 연결되도록 스토리 보드를 작성하고 촬영 전에 선생님의 피드백을 받고 진행하면 보다 완성도 높은 결과물이 만들어질 수 있습니다.

수업시간의 질문하기를 주저하지 마라

'질문' 하면 안타까운 일화가 생각납니다. 우리나라에서 개최된 G20 대회 폐막식에서 미국의 오바마 대통령이 한국 기자들에게 개최국의 특권으로 특별히 질문 기회를 주었으나 아무도 질문을 하지 않았습니다. 전 세계에서 주목하는 중요한 행사에서 질문할 수 있는 기회를 얻는다는 것은 특종과 스포트라이트를 중시하는 기자들에게는 더할 나위 없이 중요한 일이었지만 몇 차례 요청에도 한국 기자들은 묵묵부답이었고 기다리던 중국 기자가 대신 질문하는 어처구니없는 상황이 전개되었습니다. 국제적 망신이라 할 수 있으며 질문이 없는 한국교육의 현실을 목격했던 사건이었습니다.

기존의 한국 교실은 다수의 학생들을 효과적으로 가르치기 위한 강의식 수업이 대부분이었습니다. 한 교실에 50명 넘는 학생들이 있었으니 질문을 받고 응대해주기에 벅찼지요. 그때는 아예 질문을 차단하고 주입식으로 일관할 수밖에 없었습니다. 교육환경상 말이지요.

그러나 최근에는 학급당 인원수 감소와 다양한 교수학습 활동이 이루어지고 있습니다. 그 중 사고력을 기르고 창의성을 향상시키며 지적 호기심을 자극할 수 있는 것이 질문입니다. 질문은 수업에 집중하고 있다는 뜻이며 확장적 사고를 한다는 의미이기도 합니다.

질문으로 유명한 사람은 소크라테스입니다. 소크라테스는 산파법으로 유명한데 이것은 끊임없이 질문을 해서 깨달음을 얻게 하는 방법으로 그 시작은 "너 자신을 알라!"입니다. '너 자신을 알라'는 자신의 무지를 인정하고 내면에 있는 희미한 지식의 형상들을 질문과 끊임없는 대화를 통해 구조화하고 선명하게 만들어내는 것입니다. 내가 알고 싶고 궁금하고 이해되지 않는 부분들을 주저 없이 질문하고 답을 찾아가는 과정이지요.

질문을 할 때는 부끄러워하거나 망설일 필요가 없습니다. 모르기 때문에 질문하는 것이고 배우기 위해 학교에 나와 듣는 것이기 때문에 모르는 것을 묻는 것은 자연스러운 것입니다. 결코 부끄러운 것이 아니지요.

학습은 '?'에서 시작해서 '!'로 끝나는 것입니다. 진리를 탐구하는 과정에서 물음표는 출발점이고 시작 포인트입니다. '왜?'라는 질문을 던지는 순간, 원인을 따지게 되고 '어떻게?'라는 물음에 방법을 찾게 되며 '그래서?'라는 질문에 결과를 도출하게 되는 것이지요. 끊임없이 '?'를 던져야 무엇이든 확실하게 이해하고 배움을 깨닫는 '!'가 만들어집니다.

문제해결 5-Why 기법

문제를 해결해가는 과정으로 주목받는 방법이 5-Why 기법입니다. 미국의 제퍼슨기념관의 대리석이 빨리 부식되는 원인을 밝히고 해결책을 찾는 과정에서 활용되었던 방법으로 5번의 Why?(왜?)라는 질문과 답을 통해 문제의 원인을 밝히고 해결책을 찾아갑니다.

1-Why? 왜 대리석이 빨리 부식될까?
　　답: 대리석을 비눗물로 자주 씻기 때문

2-Why? 왜 비눗물로 자주 씻지?

　　답: 비둘기 배설물이 많기 때문

3-Why? 왜 비둘기가 많이 올까?

　　답: 비둘기 먹이인 거미가 많기 때문

4-Why? 왜 거미들이 많지?

　　답: 거미의 먹이인 나방이 많기 때문

5-Why? 왜 나방이 많은가?

　　답: 저녁에 등을 켜면서 나방이 많이 몰림

　기념관은 전등을 늦게 켜는 방법으로 대리석이 부식되는 것을 줄였다고 합니다. 나방이 몰리지 않으니 거미가 줄어들고, 비둘기가 줄고, 비둘기 똥이 줄어 비눗물로 씻어낼 필요가 없었던 것이지요. 이처럼 기본적인 문제들은 5번의 질문과 대답을 하다 보면 답을 찾을 수 있다고 합니다. 수업 시간에 배운 내용이 이해가 잘 되지 않는다면 망설이지 말고 질문을 하고, 내 주변에서 일어나는 문제들에 대해서도 질문하는 습관을 가져보세요. 미래 사회에서도 다양한 문제들과 만날 것입니다. 당황하지 말고 차분하게 질문과 답을 찾다 보면 해결책이 보일 거예요. 일상생활에서도 물음표 던지기를 자주 해보세요. 무엇이든지요.

　질문을 한다는 것은 문제를 인식한다는 것입니다. 해답을 찾고자 하는 것이 사람의 이름이든, 피자를 굽는 방법이든, 원자탄을 제조하는 방법이든, 옳고 그름이나 맞고 틀림을 가리는 것이든 말이에요.

　질문 이후에 해답을 찾기 위해 꼬리에 꼬리를 물고 이어지는 사고의 과정은 길고 복잡하게 세워놓은 도미노를 연상케 합니다. 질문은 어떻게 보면 도미노의 첫 패牌를 쓰러뜨리는 동작입니다. 해답까지 이어지는 짜릿한 움직임의 방아쇠를 당기는 것이지요.

　매경미디어그룹 4차 산업혁명 연구소 이창훈 소장은 '질문할 때 우리 뇌에서는 어떤 일이 일어날까?'라는 연구 과제를 찾았습니다. 그리고 질문에 따른 기능적·구조적 변화를 연구했지요. 작은 구체球體를 이루는 800억 개 뉴런과 시냅스 다발의 어떤 부분에서 번개와 비바람이 치고 어떤 부분에서 태양이 작렬하는지 말입니다. 질문하는 순간 뇌에서는 세 가지 작용이 일어납니다.

뇌 속의 스위치가 켜집니다

　뇌는 해마, 기저핵, 시상, 시상하부, 뇌량, 변연계 등의 복잡한 구조를 가지고 있습니다. 인류가 파충류에서부터 포유류로 진화하고 유인원의 원초적 형태를 거쳐 현재의 모습으로 진화하기까지의 흔적을 그대로 담고 있다고 합니다. 그래서 사람은 이성적인 행동을 하다가도 파충류와 같은 동물적 본능이 분출되기도 합니다. 수백만 년에 걸친 진화 과정에서 가장 최근에 형성된 부위가 대뇌 신피질입니다. 학습으로 얻어지는 지식을 저장하는 일을 하는 신피질은 상상이나 욕망 제어의 기능도 수행합니다. 다른 동물의 뇌에는 없기 때문에 '사람을 사람답게 해주는 부위'라고도 하죠.

　질문을 하게 되면 대뇌신피질이 활성화된다고 합니다. 뇌구조 최상층에 있는 신피질에 스위치가 켜지면서 뇌 전체가 환해집니다. 질문이 정신의 여러 가지 활동과 구별되는 점은 바로 이렇게 두뇌에 스위치를 켜서 뇌 전체가 움직이게 만들어주는 것이라고 합니다.

응답반사가 일어납니다

고무망치로 무릎 관절을 두드리면 저절로 정강이가 올라가는 것과 같이 우리 몸이 특정한 자극에 대해 무의식적으로 반응하는 것을 '무조건 반사'라 합니다. 레몬을 보면 저절로 침이 고이는 것과 같이 경험에 의해 형성된 의식이 같은 조건을 입력하면 의지와 관계없이 일어나는 반응은 '조건 반사'라 하죠.

스스로에게 질문을 던지거나 누군가에게 질문을 받게 되면 뇌 속에서 '응답 반사'가 일어납니다. 뇌는 다른 일을 하면서도 잠재의식이나 무의식 속에서 해답을 찾기 위한 응답 반사가 계속된다고 합니다.

같이 차를 타고 가던 친구가 "영화 반지의 제왕에서 인상 깊었던 여배우의 이름이 뭐였더라?"라는 질문을 던집니다. 배우 이름을 떠올리려 머리를 쥐어짜다가 그만 길을 잘못 들게 되고 이번엔 길 찾기라는 새로운 과제에 몰두하는 바람에 질문을 까맣게 잊어버립니다.

하지만 응답반사는 잠재의식 속에서 계속됩니다. 점심 먹으러 간 동네 맛집에 틀어 놓은 TV가 뉴스로 영화배우 엘리자베스 테일러의 사망 소식을 전합니다. 아나운서가 리즈 테일러라는 애칭을 부르는 순간, 의식의 수면 아래 있던 응답반사가 용수철처럼 튀어 오르면서 해답을 낚아챕니다. "아, 그래 맞다. 반지의 제왕에 나온 여배우 이름이 리즈 테일러와 비슷한 리브 타일러였지."

질문은 우리 뇌가 대답을 찾을 때까지 항상 깨어서 활성화되도록 하는 기능을 합니다. 그래서 질문을 많이 하고 해답을 찾으려 애쓸 때 우리 뇌의 기능이 향상됩니다.

메타인지^{Metacognition}가 작동합니다

요즘 많은 사람이 창의성을 이끌어내는 고차원 사고의 방법으로서 메타인지를 이야기합니다. 메타^{meta}는 그리스어에서 온 영어 접두사로 '~에 대해'라는 뜻입니다. 메타데이터^{Metadata}란 '데이터에 대한 데이터'입니다. 메타인지는 한마디로 '생각에 대한 생각', '인식에 대한 인식'입니다. 생각의 지붕을 뚫고 올라가서 생각을 내려다보는 것이죠.

메타인지를 설명할 때 그리스신화의 '오디세우스와 사이렌' 이야기가 많이 인용됩니다. 사이렌은 지나가는 뱃사람에게 황홀한 노래를 들려주는데 그 노래를 들은 사람들은 환각에 빠져 헤매다가 결국 익사하게 됩니다. 오디세우스는 사이렌이 나타나는 뱃길을 지나가야 했는데 자신이 사이렌에게 현혹되지 않도록 하기 위해 부하들을 시켜서 자신의 귀에 밀납을 넣고 돛대에 밧줄로 붙들어 매게 합니다. 어떤 경우에도 밧줄을 풀지 말라고 엄명을 내리지요.

예상했던 대로 사이렌이 오디세우스의 많은 부하들을 홀려서 바다에 뛰어들게 했지만 오디세우스는 무사했고 생존한 부하들과 함께 무사히 항해를 마칩니다. 자신의 의식과 의지가 정상 궤도를 벗어나지 않도록 통제한 오디세우스처럼 초월적 차원에서 자신의 생각을 관찰하는 것이 메타인지입니다.

질문에 대한 해답을 찾다 보면 자신의 기억력과 계산력, 표현력을 객관적으로 검토해보게 됩니다. '내가 왜 이런 것도 기억 못하지?', '옛날엔 이 정도 계산은 암산으로도 했었는데'라면서 스스로를 평가하게 되지요. 질문을 던지고 답을 찾는 것은 스스로의 사고 패턴이나 사고 효율성을 메타 관점에서 내려다보는 훈련이기도 합니다. 이것이 생각의 패턴을 바꾸는 지렛대로 작용하지요. 종전과는 다른 사고, 관성에서 벗어난 사고는 메타인지 훈련을 통해서 가능합니다.

요약하자면 질문은 우리 대뇌 신피질에 스위치를 켜고, 잠재의식이 지속적으로 작동하게 하는 동시에 메타인지를 활성화하는 효과를 가져오는 것입니다. 질문에 질문을 이어보세요. 안 보이던 해답이 보이고 막막했던 길이 열립니다.

05

변화를 이끄는 주체는
바로 자신이다

내 삶의 가치 기준이 변화를 촉진하고
세상을 바꾸는 씨앗이 된다.

사회를 변화시키기 위해서는 구성원들의 합의와 협력에 의한 변화
가 가장 효과적입니다. 하지만 각자의 생각과 다른 가치관, 다양한 삶
의 경험을 가진 사람들로 구성되어 있기 때문에 좀처럼 합의된 변화
를 이루기가 쉽지 않습니다.

세계 역사를 뒤바꾼 변화들을 보면 알 수 있지요. 시련과 고통, 투쟁
과 희생이 만들어낸 결과물이니까요. '산업혁명', '프랑스혁명', '명예
혁명' 등 '혁명'이라는 단어가 붙는 것도 좀처럼 바꾸기 힘든 사회 변
화를 구성원의 힘으로 이끌어냈기에 대단한 일이랍니다. 커다란 변화
를 이끌려면 먼저 선행되어야 할 것이 있지요. 바로 자신이 먼저 변화
되어야 하는 것입니다.

나를 알고 사회를 알아야 한다

『손자병법』 '모공편'을 보면 "적을 알고 나를 알면 백번 싸워도 위태롭지 않고, 적을 알지 못하고 나를 알면 한 번 이기고 한 번 지며, 적도 모르고 나도 모르면 싸울 때마다 반드시 패한다."라는 말이 나옵니다. 사회를 변화시키기 위해서는 자신의 성향과 기질, 능력을 알고 사회의 현상을 파악하고 분석해서 변화에 동참해야 합니다.

강하고 담대하게 나아가라

사회 변화를 요구하는 목소리가 있는 반면, 현실에 안주하고 변화를 회피하며 안정을 꾀하려는 목소리도 있습니다. 보통 사회나 조직에서 영향력을 가진 기득권 세력들은 변화보다는 비교적 안정을 선호하지요. 실질적 영향력을 발휘할 수 있는 기득권 세력에 맞서 변화를 이루려 한다면 확신과 소신을 갖고 강하고 담대하게 나아가야 합니다. 다윗과 골리앗의 싸움처럼 남들이 비웃고, 계란으로 바위치기일지라도 부조리와 부당함에는 양보와 타협이 있을 수 없습니다. 다 같이 사는 정의로운 사회를 만들기 위해서 나를 스스로 단련하고 실력을 키워 강하고 담대하게 나아가야 합니다.

자신의 가치 기준을 높여야 한다

자신이 설정하고 있는 가치의 기준에 따라 사회 변화의 필요성을 느끼고 실천할 수 있는 의지가 생깁니다. 자신이 소중하게 생각하는 삶의 가치를 사회적 공익과 인류애를 위한 공공성의 측면에 둔다면 불합리하고 부당한 사회의 문제들에 대하여 조금 더 관심을 갖게 됩니다. 따라서 변화를 위한 움직임도 생겨나게 되지만, 지극히 개인적 만족과 효용, 세속적인 것에 가치 기준을 둔다면 변화를 원하지 않게 됩니다.

개인적인 만족감이 충족되지 못했을 때 바람직한 사회 변화의 촉구가 아닌 사회에 대한 불만과 저항 정신만 커지게 되는 것입니다. 그 결과 자기 자신의 성공을 위해서라면 어떤 나쁜 짓도 서슴지 않으며, 양심의 가책도 느끼지 않는 소시오 패스가 나타날 수 있지요. 그렇기 때문에 내 삶의 가치 기준을 높이고 키우는 것이 중요합니다.

가고 싶은 길이 있다면 알아보고 또 알아봐라

가고자 하는 방향과 목적지가 분명하다면 원하는 곳에 빠르고 정확하게 도착할 수 있습니다. 내비게이션의 빠른 길안내처럼 말이지요. 인생 설계에서도 마찬가지입니다. 자신의 성격을 파악하고 자기가 잘할 수 있는 것이 무엇인지 분석하고 그와 어울리는 적합한 길을 찾아가는 것이 무엇보다 중요합니다. 그러기 위해 적성 검사를 하고 나에게 적합한 직업 성격 유형을 파악해보는 것이 좋습니다.

최근에는 학교에서 이루어지는 다양한 검사를 통해 자신에게 어울리는 직업 성격을 찾아보는 검사를 실시하고 있습니다. 전문기관에 의뢰해 하는 만큼 반신반의하지 말고 차분하게 깊이 생각하면서 검사지에 응답해보면 자신의 진로 찾기에 활용가치가 높습니다. 이러한 검사는 심리학자, 성격분석자 등 각 분야 전문가들이 오랜 기간 연구해서 만든 질문지이며 표본조사를 마친 신뢰할 만한 자료들입니다.

시대는 빠르게 변화하고 있습니다. 10년 전에는 생각하지도 못했던 직업들이 현재 활성화되고 있습니다. 현재 인기 있는 프로게이머, 게임 코디네이터, 파티쉐, 인공지능 전문가 등은 언급조차 안 되었던 직업입니다. 반면에 사라진 직업들도 있지요. 이제는 여러분이 엉뚱하게 상상하는 그것이 직업이 될 수도 있습니다.

또한 미래에는 한 사람이 한 직업을 갖는 것이 아닌 다양한 직업을 가질 수 있게 될 것입니다. 나만의 자유로운 시간을 갖고 싶은 욕구를 충족하고 하나에만 머물러 있지 않고 다양한 삶의 경험과 흥미, 소질을 발현할 수 있는 기회를 얻고자 하는 마음이 크기 때문이지요.

자, 이제 복잡해지지요? 어떤 직업에 자기 인생의 내비게이션을 찍어야 할지 말이에요. 현재에 맞춰 선택한 직업은 사라질지 모르고 미래에 어떤 직업이 생길지 종잡을 수 없어서 불확실한 미래의 상황에 불안감만 커져 갑니다. 그렇지만 두 손 놓고 있지는 마세요. 대신 자신이 잘할 수 있는 것이 무엇이고, 어떤 일을 하면서 만족하고 나눌 수 있을지 고민해봐야 합니다. 그리고 그쪽의 다양한 분야와 다방면으로 뻗어나간 가지를 유심히 살펴봐야 하지요.

좋아하는 분야의 일이 딱 하나만 있는 것은 아니잖아요. 예를 들어 작가가 꿈인 친구가 있습니다. 소설가를 꿈꾸었지요. '소설 아니면 죽음을 달라!'가 아닌 이상 글을 창작하는 일의 종류를 알아봅니다. 드라마작가, 여행기고가, 시나리오작가, 웹소설가, 스토리텔러 등등 무궁무진합니다. 아마 100가지도 더 될 것입니다. 그것들을 위해 무엇을 지금 당장 해야 하는 것은 아니니 방향만 잡고 책을 읽고 관련 공부를 하고 소질을 개발해 나가야 합니다.

또한 어느 한 분야에만 머물러서는 우물 안 개구리가 될 것입니다. 다양한 사고와 경험의 확장이 필요하며, 문이과 통합과정이 이루어지고, 공학에 인문학적 감수성이 결합된 창의융합적 사고가 필요하지요. 어떤 일을 하든지 기초소양과 기본의 인문학적 지식은 필수로 요구되고 있으니까요.

창의성은 불편한 것을 개선하는 과정에서 나옵니다. 전화기를 예로 들어볼까요? 멀리 있는 사랑하는 사람의 목소리를 듣고 싶습니다. 그런데 점차 전화기와 수화기가 연결되어 있는 선이 거추장스러워졌어요. 움직임에도 방해가 되고, 편하게 누워 통화하고 싶은데 선 때문에 불편하니 무선전화기가 나왔습니다. 하지만 인간의 욕심은 끝이 없지요. 집 밖에서도 통화를 하고 싶게 되니 이동통신이 생겨납니다. 이젠 목소리만으로는 부족합니다. 통화하면서 얼굴도 보고 싶으니 영상통화기술이 생겨나지요. 조금 더 있으면 홀로그램으로 상대방이 내 옆에 앉아있으며 이야기를 나눌 수 있는 시간이 오겠지요?

이처럼 여러분이 경험하는 사소하고 작은 것들이 일상에 적용될 때 큰 변화를 가져오게 되는 것입니다. 이런 상황에 우리는 어떻게 해야 할까요? '엉뚱하지만 독특한', '황당하지만 재미있는' 다양한 생각들을 기록하고 이야기를 나누어보세요. 그것이 새로운 시대 변화에 적응하고 다양한 직업의 세계에서 살아남기 위한 큰 밑거름이 될 것입니다.

"이게 뭐야?", "그게 되겠어?", "미친 거 아냐?"

이런 소리가 새로운 것을 만들어내는 힘이 되는 것입니다. 여러분이 살아갈 세상은 그 누구도 단정할 수 없고 어떤 것이 나타날지 베일에 가려져 있으니까요.

자기인생의 주인공은 바로 자신이다

'행복추구권'은 누가 부여해주는 것이 아니라 태어나면서부터 가지고 있는, 누릴 수 있는 기본 권리입니다. 아예 법으로도 보장돼 있지요. 그런데 우리 청소년들은 그 권리를 마음껏 누리지 못합니다. 기성세대들이 만들어 놓은 '시험'으로 대변되는 '줄 세우기용 평가'가 청소년들의 행복할 권리를 빼앗는 것입니다.

대입을 앞둔 고등학생에게 내가 무엇에 관심과 흥미가 있는지, 내가 무엇을 잘하는지, 커서 어떤 일을 하면서 살지에 대한 고민은 사치라고 합니다. 인생에 대한 고민을 할 겨를도 없이 힘들게, 힘들게 바로 앞의 평가에만 붙들려 하루하루를 살아가고 있는 하루살이 인생을 살아가고 있는 것이지요.

때로는 목이 터져라 소리치고 싶고, 때로는 푸른 바다에 풍덩 몸을 던지고도 싶고, 때로는 책에 파묻혀 며칠이고 읽고 싶고, 때로는 기차에 훌쩍 몸을 던져 떠나고 싶은 마음들을 모두 빼앗긴 채 현실에 지쳐 시험이라는 굴레를 벗어나지 못하고 있습니다. 이런 것들이 너무 허황된 꿈이라면 하루 종일 아무것도 안 하고 빈둥거리기라도 해봤으면 좋겠는데 그마저도 못합니다. 이런 마음을 털어놓으면 '배부른 소리' 하지 말라고 핀잔만 들을 게 뻔하지요. 그러니 자신이 진정으로 원하는 것을 아예 입 밖으로 낼 수도 없는 실정입니다.

"자녀의 머리 위에서 헬리콥터처럼 떠다니며 맴돈다."는 의미에서 만들어진 신조어로, 자녀의 인생에 대한 간섭이 지나쳐서 사회적으로 문제가 발생할 정도인 부모를, '헬리콥터 맘'이라고 합니다. 하루 24시간이 모자랄 정도로 부모의 간섭과 집착에 허덕이는 우리 청소년들의 아픈 상처라 할 수 있습니다. 그런데 아래 원그래프를 볼까요?

헬리콥터맘

자료를 보면 여전히 많은 사람이 헬리콥터맘이 필요하다고 이야기합니다. 우리 스스로 간섭과 통제를 원하는 것은 아닌지 생각해봐야 할 문제입니다. 필요하다고 답한 51.2% 사람들의 심리가 궁금한데 아마도 부모에 대한 신뢰에서 비롯되었지 싶습니다. 부모세대는 이미 청소년기를 지났기 때문에, 사회경험이 많기 때문에 인생 혹은 사회에 대해 잘 알 것이라고 믿는 것이지요. 그러니 '나'를 관리해주면 그만큼 안정적으로 살 수 있지 않을까 하는 믿음의 발로인 것입니다.

저는 여러분에게 질문합니다. 이것이 여러분에게 약일까요? 아니면 독일까요?

여러분은 인생을 스스로 개척해 나갈 수 있는 능력을 충분히 갖고 있습니다. 아무것도 염려하거나 두려워할 필요가 없어요. 누군가에게 의존하지 않아도 되지요. 한 번 의존해서 쉽게 해결되면 다음에 또 의존하고 싶어집니다. 결국 자기 힘으로 할 수 있는 게 없어질지도 몰라요. 이 점이 불확실한 미래보다 더 위험한 일이지요.

청소년기가 인생에서 정말 중요한 시기라고 입을 모아 이야기하지만 정작 그 누구도, 심지어 청소년 자신도 자기의 삶을 위한 준비과정에는 소홀하게 대합니다. 청소년 시기의 중요성을 실감하지 못하는 것이지요.

여러분은 뛰어나고 자랑스럽고 대견하고 발전 가능성이 큽니다. 화수분 같은 존재들입니다. 이런 자신에게 무엇을 담을지가 중요합니다. 그런데 자신의 미래를 좌우하는 일인데도 불구하고 무지와 무관심으로 일관합니다.

아아, 여러분의 아우성 소리가 들리는군요. "지금 무슨 말을 하는 거예요. 우리도 충분히 고민하고 있다고요!" 좋습니다. 바로 이런 반항과 저항을 눈으로 확인하고 싶었습니다. 그것만이 여러분을 발전하게 하니까요.

과연 우리는 자기를 가꾸고 계발하기 위한 스스로의 노력을 얼마나 하고 있는 것일까요? 이런저런 이유로 인해 계획을 미루고 자신을 가꾸는 일을 게을리하는 건 아닌가요? '이 시험 끝나고.', '일단 고등학교 졸업하고요.' 등등 당장 아니고 나중에 할 항목으로 분류해 놓고 있는 것은 아닌지 생각해봅시다.

평가와 진학의 문제를 면죄부로 활용하면 안되겠지요. 입시에 발목 잡혀 아무것도 못한다는 것은 자기변명에 불과합니다. 학습지에만 꽂힌 시선을 돌려 주위를 보고 사회를 보고 세계를 봐야 합니다. 이어폰을 꽂고 흘러나오는 하나의 소리만 들을 것이 아니라, 귀를 열어 많은 소리와 울림을 들어야 합니다. 분명히 눈에 보이는 것 중에, 들리는 소리 중에 여러분을 이끄는 것이 있을 것입니다. 쇠가 자석에 끌려가듯 여러분의 생각과 몸이 움직이고 체험하게 되는 것이지요.

그것이 여러분에게 딱 맞는 정답이라고 할 수는 없습니다. 이끌리는 대로 갔는데 전혀 아닌 방향이 설정되었을 수도 있지요. 자신이 추구하는 삶과 완전히 다를 수 있어요. 그때는 과감히 돌아 나올 수 있습니다. 그렇다고 시간낭비나 에너지 낭비가 되는 것은 아닙니다. 모든 경험은 여러분의 자산으로 축적되니까요.

개인마다 행복했던 순간은 다를 것입니다. 아무것도 아닌 일로 행복했을 수도 있고, 칭찬을 받아 행복했을 때도 있으며, 누군가를 도와주어 행복했던 순간도 있을 것입니다. 행복이라는 것은 멀리 있는 것이 아닙니다. 현실에서 벗어날 수 없다면 지금 상황에서 행복을 찾아보세요.

코피 터지게 책을 보다 잠시 벤치에 누워 하늘을 바라보세요.
옷이 흠뻑 젖도록 운동하며 눈물이 땀이 되도록 흘려 보세요.
그냥 아무것도 하지 않고 시공간에 나를 맡겨 보세요.
창문 밖으로 보이는 푸른 잎의 나무를 보세요.

봄여름이면 푸른 잎이지만 겨울이면 모두 떨구고 새로운 잎을 맞이하기 위한 준비를 해야 하겠지요. 여러분은 준비가 되었나요? 자신의 행복을 위한 준비!. 준비되지 않은 사람은 얻지 못합니다. 행복을 얻기 위한 준비를 하세요. 세상에 대한 불평불만이 아닌 자신의 행복을 위한 따뜻한 마음의 준비 말입니다. 지금은 모든 것이 막막하고 앞이 보이지 않겠지만 여러분의 미래는 밝습니다. 그 미래는 여러분이 만들어가는 것입니다.

행복에 대하여 깊이 있는 고민을 해보고 지금 누리고 경험할 수 있는 행복 요소들을 찾아보세요. 우리의 존재 자체에 행복할 권리가 있으니까요!

상상을 현실로 만드는 주체는 사람입니다. 바로 '나'인 것이지요.
모든 것이 '나'로부터 시작된다는 것입니다.
과학자든, 프로그래머, 로봇개발자, 컴퓨터수리기사 등등
자기가 꿈꾸는 세계로 나아가려는 주인공이 있어야 모든 것이 가능해집니다.

part
6

미래는
자기를 이기는 자가
승리한다

변화는 변화를 이끕니다. 시작은 미약하나 나중은 창대하리라는 말이 현실 감 있게 다가오는 요즘입니다. 돌멩이를 도구로 사용했던 때부터 현재까지 발전을 거듭했고 발전을 거듭하고 있으며 무궁하게 발전할 것입니다. 극도로 생활의 편리함을 꾀하고 인간수명을 최대한 연장시키며 우주개발을 통해 제2의 지구를 개설할지 모르겠습니다. 지구촌, 세계화를 넘어 우주마을이 형성되고 우주에 있는 행성으로 이민을 갈지도 모르겠네요. 아주 먼 미래에 말이에요.

그런데 말입니다, 이런 상상을 현실로 만드는 주체는 사람입니다. 바로 '나'인 것이지요. 모든 것이 '나'로부터 시작된다는 것입니다. 과학자, 프로그래머, 로봇개발자, 컴퓨터수리기사 등등 자기가 꿈꾸는 세계로 나아가려는 주인공이 있어야 모든 것이 가능해집니다. '다른 사람이 하겠지, 누군가가 먼저 할 거야, 내가 한다고 얼마나 변하겠어.' 하는 소극적인 자세는 변화를 가져오지 못할 뿐더러 오히려 변화의 물살에 휩쓸려가고 말 것입니다.

먼저, 자기 자신과의 싸움에서 이겨야 합니다. 자기의 가장 강한 적은 바로 자신이라고 하지요. 자신이 세운 목표에 맞춰 계획대로 실천할 때 의지가 약해지거나 포기하는 경우가 그렇습니다. 핑곗거리를 찾고 실패를 합리화시키지요.

자기를 이기는 것은 무척 어려운 일입니다. 자신을 너무 잘 알기 때문이지요. 그래서 모두 포부와 꿈을 가지고 있지만 이루어내는 사람은 적은 것입니다. 자신의 긍정적인 면은 도움이 되지만 부정적인 면은 자신에게 걸림돌이 될 수 있어요. 완벽하게 좋은 점만 가지고 있지는 않습니다. 자기의 긍정적인 부분으로 잘할 수 있는 일을 찾아 최선을 다하는 것이 좋습니다. 성취감이 높아지니 도전하는 즐거움을 느낄 수 있게 되지요.

미래는 자신이 꿈꾸는 대로 이루어집니다. 강한 자신감으로 도전의 칼을 뽑아 드세요. 그리고 진격하는 것입니다.

우리 한번 외쳐볼까요. "미래정복을 위하여 돌격 앞으로!"

01

유혹에서
벗어나라

삶의 승패를 결정짓는 것은
나와의 싸움이다.

"맘먹고 공부하려고 책상 앞에 앉았다. 책을 펼치고 '자, 집중!'을 외쳤다. 펜을 들고 지난번에 이어서 공부할 곳을 눈으로 찾았다. 햐, 시험범위의 5분의 1도 안 한 공부. 한숨이 나온다. 책장을 넘기며 얼마나 해야 하는지 가늠하는데 순간, 확인하지 않았던 SNS메시지가 떠오른다. 주섬주섬 몸과 책상을 더듬어 휴대전화를 찾는다. 화면이 밝아지며 익숙한 아이콘들이 떴다. 마음 단단히 먹고 메시지에 답만 하고 폰을 내려놓았다. 순간, 다시 밝아지는 화면. 친구에게 다른 메시지가 온 것이다. 확인하고 답하고를 반복한다. 책상에 앉은 지 30분이 지났지만 책은 한 페이지도 넘어가지 못했다."

누구의 일상일까요? 여성 가족부 조사 결과를 보면 국내 청소년들의 휴대폰 이용 행태의 30% 이상을 차지하는 것이 SNS 포함 문자메시지라고 합니다. 시도 때도 없이 울리는 문자 알림과 친구들과의 메시지 주고받기가 소중한 시간을 빼앗아 가고 있는 것이지요. '잠깐만 보고.', '메시지만 확인하고.'가 잠깐에서 끝나지 않는다는 사실, 여러분이 잘 알 겁니다. 그러므로 공부나 운동, 독서 등 무언가에 집중하려면 휴대폰은 멀리해야 한다는 답이 나옵니다. 쉽지 않지만요!

'좀 더 자자', '좀 더 먹자', '좀 더 놀자!' 이런 것들이 바로 여러분을 유혹에 빠지게 하는 것입니다. 이것만 잘 조절한다면 원하는 것을 얻을 수 있다는 말도 됩니다. 유혹에서 벗어나는 방법은 자신과의 타협을 멀리하는 것이지요. 자신과 타협하는 순간 유혹에 빠지게 되거든요. 자신을 사랑하고 존중하는 것은 타협하는 것과 분명 다릅니다. 존중은 자신을 인정하고 스스로 가치 있게 대하는 것입니다. 자기에게 힘을 북돋워주고 위로와 격려를 통해 자신감을 부여하는 것이지요. 그러나 타협은 합리화입니다. 자신이 안 하겠다고, 절제하겠다고, 혹은 무엇을 하겠다고 다짐하거나 각오를 다진 것들을 스스로 무너뜨리는 것이지요.

'딱, 이것만.', '딱, 한 번만.', '이번까지만!' 하면서 말입니다.

> 자신을 존중 ≠ 자신과의 타협 = 실패의 유혹

달콤한 유혹이 화를 부른다

'유혹'을 사전에서 찾아보면 '꾀어서 마음을 현혹하거나 좋지 아니한 길로 이끄는 것'을 말합니다. '악마의 유혹', '사탄의 유혹' 등등 '유혹'과 관련된 일들은 긍정보다는 부정의 이미지가 강합니다. 미래 사회에서도 유혹은 우리의 주변을 맴돌며 호시탐탐 기회를 노리고, 어떠한 빌미가 생기기만 하면 상황과 입장을 고려하지 않고 집어삼키려 들 것입니다.

인류 최초의 유혹은 에덴동산의 아담과 하와에게 뱀이 다가와 선악과를 따먹게 한 것입니다. "선악과를 먹으면 정녕 죽으리라."라는 하나님의 명령을 어기고 뱀의 달콤한 유혹에 빠져 선악과를 먹게 되면서 이후로 부끄러움을 알게 되고 여자는 아이를 잉태하고 출산하는 고통을, 남자는 가족부양을 위해 일을 해야 하는 고통을 받게 되었지요. 인간의 영생은 사라지고 죽음을 경험하게 된 것입니다. 요즘 각종 매스컴에서 끊이지 않고 등장하는 연예인들의 마약 투약과 동영상 유포, 사진 유출 등도 유혹을 이기지 못해서 일어난 사건들입니다.

유혹과 호기심은 다른 듯하지만 상당히 많은 부분이 흡사합니다. '판도라의 상자'를 잘 알지요? 그리스 신화에 나오는 최초의 여성인 판도라는 인간 세상에 내려오기 전 신들로부터 다양한 선물을 받습니다. 헤르메스는 그녀의 가슴에 거짓, 아첨, 교활함, 호기심을 채워주고 판도라라는 이름을 지어줍니다. 판도라는 에피메테우스와 결혼을 하지요. 에피메테우스에게는 온갖 재앙이 들어있는 상자가 있었는데 판도라는 호기심을 이겨내지 못하고 열어 버리고 맙니다. 그때 지금까지도 인간을 괴롭히고 있는 질병, 전쟁, 슬픔 등 모든 악들이 쏟아져 나왔습니다. 놀란 판도라는 급히 상자를 닫았고 마지막 '희망'은 빠져 나오지 못하고 상자에 남게 되었답니다. 그래서 사람들의 삶이 어렵고 힘든 과

248

정을 겪으면서도 희망을 보고 싶어 하는 것입니다. 희망이 모든 재앙을 이길 힘을 가지고 있기 때문이지요.

자신과 타협하지 마세요. 판도라가 내면의 호기심과 타협하지 않았다면, '대체 뭐가 들어 있길래?', '딱 한 번만.', '잠깐이면 돼.'의 유혹에 넘어가지 않았다면 인간들은 평안하고 안락한 삶을 영유했을지 모를 일입니다.

신화이기 때문에 믿을 수는 없는 이야기지만, 우리가 사는 모습에 빗대어 보면 쉽게 이해할 수 있습니다. 우리 모두 그런 유혹과 호기심에 넘어가 자신과 적당히 타협하며 살고 있으니까요. 그래서 희망을 꿈꾸되 너무 멀리 있게 느껴지고 도저히 이룰 수 없는 현실이라고 믿어버리는 것입니다.

우리에게는 미래가 있습니다. 아직 밀봉된 채 우리의 손길이 닿기를 기다리고 있는 '희망'입니다. 미래 사회에 대한 불안과 막연함, 절망과 비관 속에서도 우리가 긍정의 마음을 갖고 지혜를 발휘하고 적극적으로 계획을 실행해야 하는 이유입니다.

02

무엇보다
건강이 먼저다

건강한 육체에
건강한 정신이 깃든다.

여러분은 인생 마라톤의 출전 선수이며, 완주를 목표로 하고 있습니다. 그것도 순위권 안에 들어서 이름을 날리고 싶은 욕망도 있지요. 그러기 위해 준비운동을 하는 단계입니다. 아시다시피 마라톤, 아니 무슨 운동이든지 경기시간보다 준비기간이 길지요. 모든 시합의 결과는 준비를 어떻게 하느냐, 체력을 얼마만큼 비축했느냐에 따라 승패가 나뉩니다. 시합은 운이 아니기 때문이지요. 그래서 운동선수들은 끊임없이 기초체력훈련을 하고 식이요법으로 식사를 조절하고 실전의 역량을 강화하기 위해 노력하고 또 노력하는 것입니다.

특히 청소년기에 비축해야 할 체력은 일생의 건강을 좌우하는 중요한 요소입니다. 그런데 늘 시간이 없다는 핑계로 운동을 소홀히 하고 있지요. 하지만 중요한 시기에 건강 때문에 큰일을 망칠 수 있습니다. 마라톤은 출발순서가 중요한 종목이 아닙니다. 누가 포기하지 않고 완주하느냐가 의미 있으니까요. 마라톤 경기를 보면 중간 중간 물을 제공해주는 곳이 있는데 완주하기 위해 잠시 들러 목을 축이며 갈증을 해소하고 다시 뛸 힘을 얻는 곳입니다.

여러분에게 이런 쉼은 바로 꿀잠입니다. 성균관의대 홍승봉 교수는 전국 150개 중·고등학교에서 무작위 선정된 청소년 2만6395명을 대상으로 온라인 수면건강 실태 조사를 했습니다. 전체 학생의 66.6%가 수면이 부족하다고 느끼고 있으며, 수면시간이 짧을수록 주간 졸림 지수나 우울 지수가 증가하는 양상을 보였다고 합니다.

시험기간이 되면 청소년들의 수면 부족은 심각한 수준이 됩니다. 하루 4시간 이하의 수면은 보통이고 극심한 스트레스로 인해 건강에 매우 나쁜 영향을 주게 되지요. 이것은 개인만의 문제가 아니라 전 국가적 문제로 우리 모두가 적극적으로 개입하여 해결해야 할 문제입니다. 4당5락(4시간 자면 대학에 합격하고 5시간 자면 떨어진다)은 옛말입니다.

대학이 여러분의 끝이 아닙니다. 대학에 들어가는 순간, 인생경기의 시작종이 울린 것이라고 보면 됩니다. 효율적인 경기 운영과 승리의 기운을 받기위해서는 그만큼 체력이 뒷받침되어야 합니다.

어떻게 하면 숙면을 취할 수 있을까요? 개인이 처한 상황에 따라 다양한 방법이 있겠지만 개인의 생활 패턴을 잘 분석해야 합니다. 그 결과 개인 맞춤형 대안을 찾아야 하는 것이지요.

꿈꾸는 자에게 꿈이 찾아온다

'꿈'은 잠자는 동안에 깨어 있을 때와 마찬가지로 여러 가지 사물을 보고 듣는 정신 현상이기도 하고 실현하고 싶은 희망이나 이상, 실현될 가능성이 아주 적거나 전혀 없는 헛된 기대나 생각이기도 합니다. 한 단어에 두 가지 뜻을 가지고 있지요.

개인적으로 '꿈'이라는 단어를 좋아합니다. 잠을 잘 때 꾸는 꿈은 악몽이 아니라면 상당히 판타지적이며 또 다른 세계에서 살아본 듯한 묘한 기분을 갖게 하지요. 꿈이 현실과 들어맞는 예지몽은 신비롭기까지 합니다. 어느 작가는 아침에 눈을 뜨자마자 자신이 꾼 꿈을 메모지에 적는다고 합니다. 글의 소재로 쓰기 위해서지요.

또 하나의 꿈은 생각만으로도 흐뭇한 미소를 짓게 합니다. 진정으로 내가 원하는 것이기 때문이지요. 살아가는 이유이자 목표이고 에너지입니다. 그런데 상담 과정에서 내담자에게 '꿈이 무엇입니까?' 하고 물으면 실현하고 싶은 이상을 말하는 것이 아니라 직업을 말하는 경우가 대부분으로 꿈과 직업을 구분하지 못하는 것이 안타깝습니다. 어떻게 해서 원하는 직업이 꿈이라고 이해하게 되었을까요?

우리가 처한 현실이 삶의 의미와 가치에 중점을 두는 것이 아니라 직업과 소득이라는 지극히 현실적이고 물질적인 것에 비중을 두다 보니 나타나는 현상일 것입니다.

우리가 말하는 '꿈'은 영어로 'DREAM'으로 표현합니다. 'DREAM'은 한글로 '드림'으로 적을 수 있으며, '드림'은 누군가에게 무엇을 준다는 의미로 쓰일 수 있습니다. 이것은 나눔과 배려의 의미를 지닌 삶의 '사회적 가치'와 '비전'이라고 할 수 있지요.

"가치와 비전이 밥 먹여줘?"

"내 앞가림도 하기 힘든데 남을 어떻게 생각해?"

"말은 쉽지, 그게 얼마나 어려운데…."

이런 불평과 불만이 얼마든지 나올 수 있습니다. 하지만 잠시 생각해볼까요?

인간은 사회적 존재로 혼자서는 존립할 수 없으며, 누군가와 함께 어울리며 살아가야 합니다. 우리가 원하지 않아도 더불어 살아가야 하는 이치지요. 그래서 개인은 사회를 위해 내가 할 수 있는 것에 최선을 다해야 하고, 자신의 개인적인 이익만을 위한 것이 아닌 공공의 이익을 위한 활동을 해야 합니다. 물론 개인적 존재로서의 나도 중요하지만 사회가 불안정하고 극렬한 갈등이 초래된다면 '나'의 안전을 보장할 수 없고, 개인의 만족이나 발전도 없기 때문입니다. 일차적으로 개인의 성공을 위해 움직이지만 결과적으로는 세상을 움직여주는 사회의 동력이 되는 것입니다.

내일은 나의 날이다

인생 설계도를 작성해보았나요? 5년 뒤, 10년 뒤, 20년 뒤, 자신의 모습을 그려보거나 적는 활동은 진로시간에 많이 하는 활동이지요. 훗날 자신의 모습을 상상하면서 그려보고 적는 활동을 꾸준하게 한다면 꿈을 구체화할 수 있게 됩니다. 지난해에 적은 5년 뒤의 나의 모습이 올해가 되면 4년 뒤의 모습이 되겠지요? 그렇게 한걸음씩 다가가는 것입니다.

5년 뒤의 내 모습에 도달하기 위해 1년 동안 나는 무엇을 했지? 잘했다면 어떤 활동을 잘했고, 못했다면 무엇이 부족했는지 반성하면서 새로운 1년을 살아갈 수 있으니까요. 1년을 살아오면서 잘 된 일과 잘 되지 못한 것이 무엇이었는지를 쉽게 확인할 수 있는 방법이 있습니다. 바로 '꿈 노트'를 활용하는 것입니다. 꿈을 하나하나 기록하는 노트를 '꿈 노트'라고 이름 지었습니다. 버킷리스트라고도 할 수 있겠지요. 청소년기는 해보고 싶고, 이루고 싶고, 갖고 싶고, 먹고 싶은 것들이 너무나 많습니다. 먹고 싶은 것도 꿈이고, 내가 이루고 싶은 것도 꿈입니다. 바라는 바가 크고 작은 것과는 상관없이 자신이 원하는 바가 꿈이 됩니다. 평소의 소망을 꿈으로 통합한 것입니다. 대통령이 된다고 해서 멋있고 훌륭한 꿈이 되는 것은 아닌 것처럼 평범하게 살아가면서 우리가 원하는 것들을 적어 놓는 기록장 형식입니다.

유명한 배우 짐캐리James Eugene Carrey는 가난한 무명시절 밤마다 언덕에 올라 "나는 훌륭한 배우다!"라고 외쳤다고 합니다. 그만큼 간절하게 원했고 자기를 세뇌시켜 꼭 꿈을 이루고 말겠다는 의지를 다진 것이지요. 오디션에서 떨어지거나 출연 제의가 오랫동안 들어오지 않으면 "내일이면 기회가 올 것이고 나는 최선을 다할 것이다. 내일은 나의 날이다!"라고 말한 뒤 언덕을 내려왔다고 합니다. 부정적인 생각에 함몰되지 않기 위해 자신에게 주문을 건 것이지요.

짐 캐리는 아버지가 실직하고 집안형편이 어려워지자 학교를 중도 포기하고 일자리를 구하러 다니다 훌륭한 배우가 되어 돌아오겠다는 약속을 하고 집을 나섰지만 일이 쉽지는 않았습니다. 그래도 포기하지 않았던 짐 캐리는 오랜 기다림과 고생 끝에 영화 「마스크」가 흥행하면서 스타가 되고, 영화 출연 개런티로 천만 달러를 받는 배우가 됩니다.

오늘 새로이 꾼 꿈이 있습니까. 새로운 바람이 생겼습니까? 이런 것도 꿈에 들어가는지 모르겠다, 너무 시시한 꿈이다, 남들보다 너무 평범하다고 스스로 단정 짓지 말고 일단 꿈 노트에 적어보세요. 간단한 것은 당장 내일이라도 이루어지는 기적을 맞볼 수 있습니다.

작은 성공이 자신감을 불러오고, 쌓인 자신감은 자존감을 높이며, 높아진 자존감은 꿈을 이루게 합니다. 실패는 끝이 아닙니다. 새로움을 찾아 도전하는 시작입니다.

03

과정에 충실하면
꿈이 잡힌다

과정에 최선을 다하면
결과는 긍정적이다.

도미노 게임을 해본 적이 있나요? 겨우 몇 분의 결과를 위해 짧게
는 몇 시간, 길게는 며칠씩 정성을 다해 하나하나 쌓거나 세웁니다. 일
정한 간격으로 말이지요. 그런데 하나하나 이루어가는 과정을 무시하
고 아무렇게나 진행하면 결과는 어떻게 될까요?

집을 지을 때도 마찬가지입니다. 기초 토목공사를 하고 그 위에 건
물을 올리지요. 바닥을 단단하게 다지지 않으면 집이 무너질 수 있습
니다. 그렇기 때문에 순간순간에 최선을 다해야 하는 것이지요. 우리
의 삶도 마찬가지입니다.

우리는 삶의 과정보다 결과를 먼저 보는 것이 일반적이고, 한 사람
이 어떻게 살았는지보다는 돈은 얼마나 벌었고, 집은 얼마나 크고, 사
회적 지위는 어느 정도인지 등, 껍데기에 관심을 많이 가집니다. 외형

적인 것에 치우친 나머지 삶의 의미나 가치를 발견하지 못하는 것은 아닌지 안타깝습니다. 지금 현재 돈을 많이 벌어 부자가 된 사람이나 권위를 인정받는 사람들도 일순간 덜컥하고 쥐어진 것이 아닙니다. 자신의 꿈을 향해 매진하고 열정을 쏟아 이루어낸 결과이지요.

"공든 탑이 무너지랴."라는 속담이 있습니다. 어떤 일을 할 때 정성을 다해서 하라는 의미로, 급하게 빨리 쌓은 탑은 무너지기 쉽다는 것입니다. 우리의 삶의 과정 순간순간에 정성을 다한다면 성공한 인생을 살 수 있습니다.

하지만 공든 탑을 쌓는 과정에서 정성을 들여도 그 결과가 좋지 않을 수도 있습니다. 설사 그렇더라도 좌절하지 말고 다시 쌓아 올리는 적극성이 필요합니다. 그리고 어느 과정에서 무엇 때문에 안 좋은 결과가 나왔는지 분석하고 다시 반복되는 일이 없도록 대비해야 합니다. 결과만 생각해서 납득하지 못하고 자신에게 또는 타인과 처한 환경에 화만 내다 보면 자신의 문제점을 파악하지 못하고 다음에 또다시 똑같은 반복이 일어날 것입니다. 반성의 과정을 거치면 발전이 일어나게 되고 다음에는 성공에 조금 더 가까이 다가갈 수 있는 것이지요.

내 삶의 과정에 대한 진솔한 반성과 개선을 위한 노력이 반복되는 삶에서 실수를 줄이고 성공의 기회를 확대해가도록 돕습니다. 진심을 담아 삶의 과정에 충실하면 결과는 만족스럽고 희망적으로 변합니다. 정말 열심히 살고 있는 자신에게 스스로 상을 주세요. 그리고 크게 외쳐 보세요!

You Are Awesome!

스텝 바이 스텝

꿈은 하루아침에 이루어지는 것이 아닙니다. 지금도 꿈을 향해 나아가고 있는 소중한 과정이니 조급해할 필요가 전혀 없지요. 성급하게 재촉하며 잘하는 것이 아무것도 없다고 자신을 책망할 필요도 없습니다. 빌딩을 지을 때 기초공사가 튼튼해야 더 높이 올릴 수 있기 때문입니다. 청소년기는 비바람에도 끄떡없는 튼튼한 골조공사를 할 때입니다.

스텝 바이 스텝STEP BY STEP 꿈을 향해 한걸음 한걸음 나아가 보세요.

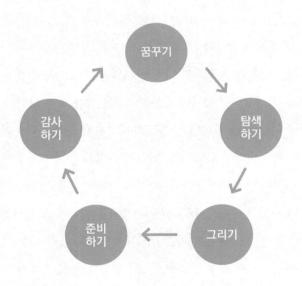

꿈꾸기 단계: 자신이 나아갈 길을 생각해보는 것이 중요합니다. 다양한 독서활동을 통해 먼저 살아온 사람들의 다양한 직업과 그들의 꿈에 대한 이야기를 들어보는 것이 큰 도움이 되지요. 독서의 범위도 책

으로 한정하지 말고 신문이나 월간지, 전문서적 등 다양하게 접하는 것이 좋습니다. TV다큐프로그램이나 전문가의 인터뷰 등도 많은 도움이 됩니다. 우리가 주변에서 접할 수 있는 직업군에도 한계가 있기 때문에 정보를 확장해서 받아들이는 기회를 만들어야 합니다.

탐색하기 단계: 나의 적성을 파악하기 위한 다양한 체험 활동이 필요합니다. 최근에는 직업을 체험해볼 수 있는 프로그램들이 많이 개발되어 있습니다. 학교 안팎에서 풍성하게 체험해 볼 수 있지요. 체험 과정을 통해 나에게 맞는 것이 어떤 것인지, 나의 흥미와 적성을 찾아보고 꿈에 한걸음 더 가까이 다가가는 것입니다. 자신이 나아갈 방향성을 알고 접근하면 흥미가 높아지는 것이니까요.

그리기 단계: 진로에 대한 설계를 해야 합니다. 밑그림을 그려 보세요. 내 꿈을 이루기 위해서는 어느 것을 공부해야 하고 무엇을 준비해야 하는지를 꼼꼼하게 체크해보고 기록하세요. 자신이 알고 있는 정보에 선생님이나 선배의 조언이 더해지고 간접체험이 추가 되면 꿈의 설계도를 그리는 데 용이합니다. 추상적인 그림이 세밀화가 될 수 있습니다.

준비하기 단계: 관련 학과 공부 및 자격 취득의 과정으로 자신이 희망하는 꿈을 이루기 위한 관련 공부를 열심히 해야 합니다. 앞의 과정을 성실하게 실천했으면 이 단계는 자연스럽게 이루어질 수 있으며, 공부의 필요성도 확실하게 느낄 수 있지요.

감사하기 단계: 꿈을 이루고 나누기를 실천하는 단계입니다. 정말 열심히 노력하고 실천해서 얻은 꿈을 누군가에게 나눔을 통해 흘려보내는 것이지요. 행복을 나누면 배가 되는 것처럼 우리가 비록 힘들게 이루었다 할지라도 그 결과가 누군가에게는 희망의 씨앗이 될 수 있는 것이며, 여러분이 희망의 씨앗을 심는 행복 농부가 되는 것입니다.

이처럼 단계별로 꿈에 다가가는 길은 일회성으로 그치는 것이 아닙니다. 자신이 성장함에 따라 빠른 속도로 변화하고 생성하고 소멸되는 다양한 꿈의 세계가 존재합니다. 직업의 다양성은 확장되고 어느 미래학자의 주장처럼 한 사람이 몇 가지의 직업을 갖게 되는 시대가 왔습니다. 꿈은 생명체입니다. 살아서 움직이지요. 우리가 붙잡으려 하면 한발씩 멀어지기도 하며, 잡힐 듯 말 듯 우리를 약을 올리기도 하지만 자기 자신을 믿고 과정에 충실하다 보면 문제가 되지 않습니다.

04

시도하지 않으면
성공도 없다

실패를 두려워하면 행동할 수 없고,
행동하지 않으면 성공도 할 수 없다.

"구더기 무서워서 장 못 담그랴."라는 속담이 있습니다. 된장이나 고추장 같은 장을 장독에 담아 잘 발효시키려면 여름철에 장독 뚜껑을 열어 두는데, 이때 파리가 장에 알을 낳게 되면 구더기가 생기게 됩니다. 그러나 한국에서 장은 없어서는 안 될 기초 양념이므로 이런 반갑지 않은 일이 생길지라도 장을 담그게 되지요. 다시 말하면 반드시 해야 할 것은 어떤 어려움과 방해가 있어도 해야 한다는 의미입니다. 어떤 일을 진행하다 보면 실패를 하게 될 때도 있지만, 실패가 두려워 일을 시작하지 않으면 당연히 성공도 없습니다.

에디슨이 전구를 발명할 때 2천 번의 실패 후에 성공했습니다. 계속해서 실패했을 때의 기분에 대해 이렇게 말했습니다.

"실패요? 전 단 한 번도 실패한 적이 없습니다. 단지 2천 번의 단계를 거쳐서 전구를 발명했을 뿐입니다."

'실패는 성공의 어머니'라는 말은 어떤 일에 도전을 해서 실패를 하더라도 이를 경험삼아 계속 도전을 하다 보면, 성공하게 된다는 말입니다. 성공을 하려면 수없이 노력해서 실패를 하더라도 좌절하지 말고 끝까지 최선을 다하라는 뜻이지요. 실수는 누구나 하는 것이지만 그것을 어떻게 생각하느냐에 따라 결과는 큰 차이가 납니다. 혁신과 창의의 아이콘이라 불리던 스티브 잡스는 자신의 실패를 이렇게 회상합니다.

"우리는 수많은 실수를 합니다. 그것이 바로 인생이지요. 하지만 최소한 그 실수들은 새로워지고 창조적이게 됩니다."

실수와 실패를 두려워하면 아무것도 할 수 없게 됩니다. 무엇을 하든지 그 두려움이 발목을 잡고 놓아주지 않기 때문이지요. 도전하려는 것마다 덜컥 제동이 걸리는 것입니다. 다음 예화가 그것을 잘 말해줍니다.

어떤 주인이 그 종들을 불러 자기 재산을 맡기니 각각 그 재능대로 한 사람에게는 금 다섯 달란트를, 한 사람에게는 두 달란트를, 한 사람에게는 한 달란트를 주고 먼 길을 떠났습니다. 다섯 달란트 받은 자는 바로 가서 그것으로 장사하여 다섯 달란트를 남기고 두 달란트 받은 자도 그같이 하여 두 달란트를 남겼으되 한 달란트 받은 자는 가서 땅을 파고 그 주인의 돈을 감추어 두었지요. 주인이 돌아온 후 한 달란트 받았던 자가 와서 말하되 "주인이여 당신은 굳은 사람이라 심지 않은 데서 거두고 해치지 않은 데서 모으는 줄을 내가 알았으므로 두려워하여 나가서 당신의 달란트를 땅에 감추어 두었나이다. 보소서 당신의 것을 잃어버리지 않고 그대로 가지고 있나이다."

그 주인이 대답하되 "악하고 게으른 종아 나는 심지 않은 데서 거두고 헤치지 않은 데서 모으는 줄로 네가 알았느냐 그러면 네가 마땅히 내 돈을 취리하는 자들에게나 맡겼다가 내가 돌아와서 내 원금과 이자를 받게 하였을 것이니라." 하고 그에게서 그 한 달란트를 빼앗아 열 달란트 가진 자에게 주라 하였습니다. 실패와 잃는 것이 두려워 주인의 돈을 땅에 묻고 아무것도 하지 않은 종은 결국 가진 것마저 빼앗기게 된 것입니다.

예화에서는 돈이지만 우리는 재능으로 바꿔 생각할 수 있습니다. 우리가 가지고 있는 재능을 사용하여 자신을 발전시키고 성장시킬 수 있습니다. 꿈을 이루고 사회를 변화시킬 수 있는 힘이 있습니다. 그것이 어느 만큼의 힘이 발휘될지는 아무도 모르지요. 그런데 우리가 나태하고 두려워서 사용하지 않는다면 무용지물이 됩니다. 여러분의 재능을 땅에 묻어 두겠습니까? 실패를 두려워하지 마세요. 실패와 성공은 종이 한 장 차이입니다.

오뚝이는 결코 쓰러지지 않는다

급변하는 사회 속에서 하루에도 수많은 회사가 만들어지고 사라집니다. 처음부터 승승장구하며 성공가도를 달리는 사람들도 있지만 대부분은 여러 차례 어려움을 극복하고 성공한 사람들이 많지요. 4전 5기로 유명한 전설의 챔피언 홍수환 권투선수는 주니어 페더급 초대 타이틀 결승전에서 헥토르 카라스키아를 상대로 경기를 했는데 2라운드에서 4번 다운된 뒤에도 포기하지 않고 일어서서 다시 싸워 3회 KO승을 얻어냅니다.

아무리 굴리거나 넘어뜨려도 다시 일어나는 어린이 장난감을 오뚝이라고 부릅니다. 오뚝이가 쓰러지지 않는 이유는 무게 중심이 낮기 때문에 안정적이고 넘어지지 않지요. 무게 중심은 어떤 물체를 매달거나 놓았을 때 균형을 유지하는 점을 말하는데 시소 놀이를 할 때도 무게 중심을 낮추고 거리를 조절하면 균형이 맞는 것과 같은 원리입니다.

여러분의 삶의 무게 중심은 무엇인가요? 중심을 잡고 있는 추가 얼마나 큰가요? 좌우로 치우치지 않고 균형을 잡고 있나요? 내 삶을 지탱하는 무게 중심이 확실하면 넘어져도 다시 일어설 수 있는 힘을 갖게 됩니다.

"시련은 있어도 실패는 없다."는 말처럼 미래를 살아갈 청소년들에게 시련은 언제든 올 수 있지만 그 시련을 이겨 낼 수 있는 자신만의 강력한 무게 중심을 갖고 있으면 성공할 수 있습니다. 시시각각으로 변하고 현재에는 존재하지 않는 다양한 직업들과 현상들이 나타날 미래 사회에서 실패를 두려워하거나 자신에 대한 믿음이 없다면 앞으로 나아가지 못하고, 주저앉고 일어날 힘을 얻지 못합니다. 오뚝이의 묵직한 무게 중심처럼 나에 대한 믿음과 신뢰가 다시 일어설 수 있는 힘이 됩니다.

05

자기를 미래의 중심에 세우고 큰 그림을 그려라

내가 보는 만큼, 아는 만큼
나의 것이 된다.

"나무를 보지 말고 숲을 보라!"라는 말이 있습니다. 무슨 일을 행하기 전에 그 일이 진행될 방향을 미리 생각하고 아웃라인을 그려보면 일의 진행이 훨씬 수월할 수 있습니다. 그렇기 때문에 나무 한 그루에 집착하지 말고 넓게 보라는 의미이지요.

'빅 픽처'도 마찬가지입니다. 우리가 어떤 일을 할 때 순간순간의 일에 급급해서 바로 앞에 닥친 문제를 풀어나가는 것이 아니라, 앞으로 예상되는 일들까지 고려해가면서 일을 진행하는 것을 의미합니다.

체육대회 준비를 위해 운동장에 100m 달리기 선을 긋는데 발끝만 보고 긋다 보면 마지막에는 엉뚱한 곳으로 선이 그어집니다. 반듯하게 선을 긋기 위해서는 먼 곳을 바라보고 걸어가야 반듯한 선이 그어집니다. 먼 곳을 바라보는 것이 나의 갈 길을 반듯하게 해줄 수 있으며,

내가 가는 길에 수많은 고난과 역경이 있다 할지라도 그 길 건너에 대한 희망과 계획이 준비되어 있다면 모두 하나의 과정에 불과하게 되고 작고 사소한 찰나의 소산이 되는 것입니다.

놀이동산으로 소풍이라도 갈라치면 미리 놀이동산 전체 지도를 보고 순서를 정하고 도착하자마자 정해 놓은 순서대로 이동하면서 시간을 알차게 보내는 친구들이 있습니다. 놀이동산의 큰 그림을 확인하고 세부적인 동선을 그려보고 효율적으로 하루를 보내야 하겠지요. 놀이동산에 소풍 갈 계획을 세우는 것처럼 우리의 인생도 소풍 계획을 세워보면 어떨까요?

대롱으로 하늘을 보면 대롱만큼만 보인다

중국의 고전인 사마천의 『사기』에 보면 중국이 혼란했던 춘추전국시대에 편작이라는 사람이 있었다고 합니다. 편작은 뛰어난 의술을 자랑하던 인물로 이후에도 동양 의학에 큰 업적을 남겼다고 합니다.

하루는 나라의 태자가 죽었다는 말을 듣고 어의를 만나 이야기를 들어보니 상태를 파악할 수 있어 다시 살려보겠다고 나섰습니다. 어의는 죽은 태자를 살린다는 말에 기분이 상해 무책임한 말이라며 화를 냈고, 이에 편작은 "당신의 의술은 대롱으로 하늘을 엿보는 것과 같소이다."라며 죽었다는 태자의 상태에 대해 전반적인 설명을 합니다.

임금은 편작에게 모든 권한을 주고 편작은 침을 놓고 치료를 해서 태자를 살려냅니다. 이 일화에서 '이관규천以管窺天'이라는 말이 나왔습니다. 빨대 구멍으로 하늘을 보면 그 구멍만큼만 볼 수 있다는 것이지요.

우리가 잘 알고 있는 '좌정관천坐井觀天', '정저지와井底之蛙'도 같은 의미로 세상 물정을 잘 모르고 소견이 좁아 자기 아집에 빠진 사람들은 큰 일을 할 수 없습니다. 미래 사회는 전 지구가 하나 되어 살아가는 환경이기 때문에 우물 안의 개구리가 될 것인지 글로벌하게 살아갈 것인지가 중요합니다.

세계의 다양한 문화와 삶의 흔적들을 이해하고 사람들의 성향을 파악하며 기술 발달의 변화 과정을 살펴 전 인류에게 필요하고 도움이 되는 생각의 크기를 키워야 합니다. 당신이 세상의 주인공이기 때문이지요.

꿈의 크기를 정하라

2002년 일본 어린이재단 후원 광고가 이슈가 된 적이 있습니다. 광고에서는 어른들은 상상하기 힘든 큰 그림을 그리는 어린이의 놀라운 상상력을 볼 수 있었습니다.

어느 날 미술시간에 자신의 마음속에 있는 것을 그려보는 활동을 합니다. 모두 열심히 자신의 마음속에 있는 장면들을 그리는데 한 남자 아이는 끊임없이 도화지를 검은색 크레파스로 칠하는 것이에요. 수업이 끝난 이후에도 아이는 계속해서 여러 도화지에 색을 칠하기를 반복합니다. 집에 와서도 이런 행동이 반복되고 결국 학교를 가지 못하고 같은 행동을 이어가게 되면서 정신과 치료를 받습니다. 의사들의 계속되는 상담 치료에도 묵묵부답으로 그저 색칠만 하는 아이의 모습에 부모의 마음은 안타까움이 커지고 병동에 입원한 후에도 색칠은 계속됩니다. 그러다 우연히 아이의 방에 있던 퍼즐 조각을 보고 그림들이 퍼즐의 조각이 아닐까 하고 맞춰보기 시작하지요.

체육관에 아이가 색칠한 도화지들을 놓고 한 조각 한 조각 맞춰 가니 모양이 나오기 시작하고 마지막 한 조각을 제외하고 모두 맞춰보니 커다란 고래의 모습이 나타났습니다. 아이는 마지막 한 장의 색칠을 마친 후 행동을 멈추었습니다. 아이의 마음속에 들어 있는 커다란 고래는 작은 종이 한 장에 담을 수 없었던 것입니다. 이는 이상 행동을 보고 정신병자 취급을 하던 어른들의 편협한 사고와 한 조각 한 조각의 그림을 보고 전체를 그려보는 훈련이 얼마나 중요한지 알 수 있었던 일화입니다.

미래 사회도 마찬가지로 내가 나아갈 방향을 설정하고 그 끝에서 기다리는 꿈과 비전의 성취를 위해 현재에 최선을 다하며 각자 삶의 부분 부분들이 조화롭게 연결되어 개인 인생의 스케치북에 멋진 그림으로 채울 수 있도록 큰 그림을 그려야 하는 것입니다.

우리 삶의 스케치북은 크기가 무한대입니다. 내가 얼마만큼 큰 스케치북에 그리느냐에 따라 그림의 크기가 달라지는 것입니다.

아는 것보다 크게 꿈을 상상하라

지혜로운 왕이 이끄는 나라와 부덕한 왕이 이끄는 나라 사이에 전쟁이 임박했습니다. 서로의 전투력이 어느 정도인지를 가늠할 수 없는 상황에서 부덕한 왕은 적국의 상태를 살피기 위해 한밤중에 몰래 염탐꾼을 보내기로 했습니다. 선발된 염탐꾼들은 칠흑 같은 어두움이 내리자 적국의 진지로 몰래 들어갔습니다. 너무나도 어두워 아무것도 보이지 않는 상황에서 각자 흩어져 살펴보기로 하고 적진을 돌아다녔습니다. 그때 천지를 진동하는 큰 지진이 일자 모두 깜짝 놀라 바닥에 엎드렸습니다.

"아니 이게 무슨 일이야?"

"하마터면 큰일 날 뻔했군."

"어서 살펴보고 돌아가자."

진동이 잠잠해지자 빠져나오려 했지만 또 한 번 진동이 났습니다. 염탐꾼들은 각자 숨어 있던 곳에서 헐레벌떡 도망 나오려다 커다란 벽에 부딪혔지요. 더듬더듬 손으로 벽을 살피는데 한 사람은 커다랗고 둥근 기둥을 느꼈고, 한 사람은 뾰족한 송곳에 엉덩이를 찔리고, 또 한 사람은 커다랗고 무거운 채찍에 맞았습니다. 겨우겨우 도망 나와 왕에게 이 사실을 고하는데 각자 이야기가 달랐지요.

"임금님, 적진에는 뾰족하고 기다란 송곳들이 있어서 그것으로 우리를 공격할 것 같습니다. 어찌나 뾰족하고 커다랗던지 정말 놀라웠습니다."

"임금님, 적들은 천막으로 진을 친 것이 아니고 둥글고 커다란 기둥으로 견고하게 진을 쳤습니다. 감히 부수기가 어려울 듯합니다."

"임금님, 적들은 커다랗고 무거운 채찍을 잘 다루는 것 같습니다. 그 어두운 밤에도 채찍으로 저를 공격했습니다."

"그리고 그것들이 동시에 움직이기까지 해서 마치 지진이 나는 듯했습니다."

이렇게 보고하자 왕은 겁을 먹고 군대를 돌렸다고 합니다. 그들이 본 것은 코끼리였답니다.

이처럼 거대한 코끼리를 칠흑 같은 어둠 속에서 더듬더듬 만져보고서는 제대로 알 수 없는 것입니다. 세상의 모든 일들도 세상 전체의 부분이며 지금 나의 현실도 내 삶 전체의 일부입니다. 부분으로 전체를 해석하는 것은 큰 오해를 일으킬 수 있으며 효과적인 해결책을 찾을 수 없습니다.

여러분의 삶 전체에서 특정 부분이 부족하거나 마음에 들지 않더라도 큰 그림에서 살펴보며 노력하고 채워간다면 멋진 그림으로 완성될 것입니다. 현재의 삶은 삶 전체의 한 조각일 뿐이에요. 조각조각에 연연하지 말고 자기 인생의 큰 그림을 그려보세요.

지금 여러분 앞에는 크기를 알 수 없는 인생 스케치북이 있답니다.

자, 이제 붓을 들어보세요. 그리고 멋지게 그려 나가세요. 스케치를 하고 예쁘게 색을 칠해가는 겁니다.

아무것도 염려할 필요 없어요.

자신을 믿고 사랑하며 나아가세요.

진짜 나를 찾아가면서….

우리가 가지 않은 길을 개척해 나가는 데 필요한 것은
'판단력, 도전정신, 자신에 대한 확신'과 '기대감'입니다.

소리를 내었다고 반드시 성공하는 것은 아니지만 침묵으로 일관하는 것은
스스로 주권자임을 포기하는 것이며, 정체성을 잃게 되는 길입니다.
원하는 사회, 바람직한 사회로 이끌기 위해서는
자기 의견을 목소리로 표현해야 합니다.